河南省高等学校重点科研项目计划资助（17A630035），项目名称：基于利益均衡的公共物流信息平台建设工程项目的期权式社会投资模式创新研究

"互联网+"时代商务理论与实践研究

◎崔楷 / 著

中国水利水电出版社
www.waterpub.com.cn

·北京·

内容提要

在国家政策法律的大力支持下,中国电子商务的发展环境不断得到改善,企业与网民电子商务应用观念大大提升,电子商务交易迅速增长,网络购物市场主体日益强大。本书即以此为契机,分别论述了电子商务的基本知识、发展战略、发展模式、技术支持、安全防范系统、支付系统、营销策略、物流管理及法律法规等方面,内容丰富而新颖,观点鲜明,理论与实际相结合,力求在阐述电子商务发展和电子商务理论体系的同时,在实际应用和操作技巧方面给予读者具体的指导。本书可用作高等学校电子商务专业的电子商务课程教材,亦适合从事电子商务研究、电子商务创新的专业人士参考。

图书在版编目(CIP)数据

"互联网＋"时代电子商务理论与实践研究 / 崔楷著
. --北京 : 中国水利水电出版社,2018.8(2022.9重印)
ISBN 978-7-5170-6708-5

Ⅰ.①互… Ⅱ.①崔… Ⅲ.①电子商务—研究 Ⅳ.
①F713.36

中国版本图书馆 CIP 数据核字(2018)第 174884 号

责任编辑:陈 洁　　　封面设计:王 伟

书　　名	"互联网＋"时代电子商务理论与实践研究 "HULIANWANG ＋" SHIDAI DIANZI SHANGWU LILUN YU SHIJIAN YANJIU	
作　　者	崔楷　著	
出版发行	中国水利水电出版社	
	(北京市海淀区玉渊潭南路 1 号 D 座 100038)	
	网址:www. waterpub. com. cn	
	E-mail:mchannel@263. net(万水)	
	sales@mwr.gov.cn	
	电话:(010)68545888(营销中心)、82562819(万水)	
经　　售	全国各地新华书店和相关出版物销售网点	
排　　版	北京万水电子信息有限公司	
印　　刷	天津光之彩印刷有限公司	
规　　格	170mm×240mm　16 开本　15.25 印张　218 千字	
版　　次	2018年8月第1版　2022年9月第2次印刷	
印　　数	2001-3001册	
定　　价	62.00 元	

前　言

  电子商务是一个商务过程电子化的商务形态。进入 21 世纪以来，电子商务的应用跨入了一个全业态渗透、发展迅猛、影响深远的发展阶段。电子商务充分利用现代信息技术，创造了以互联网为基础的全新商业模式，改变了商业伙伴之间的合作方式，因此，电子商务是包括购买、销售在内的电子化沟通、协同、合作的全新商务途径。

  电子商务作为现代电子信息技术和商业活动相结合的经济贸易方式，已经成为 21 世纪全球经济活动的主要方式之一，电子商务在国民经济和世界经济发展中的作用日益重要。电子商务能力不仅是企业竞争力的重要表现形式，更关乎国家综合竞争力。当前，中国电子商务已经强势崛起，传统的消费观念、物流体系、金融模式、人才结构等方面受到了电商的强烈冲击，电子商务在众多行业已经是以"颠覆者"的形象出现，传统的商业规则正在被改写。随着"互联网＋"战略的提出，互联网与传统产业融合得更加紧密，传统产业纷纷转战互联网电子商务，电子商务行业必将迎来新的增长点。数据显示，2010 年我国电子商务交易额仅为 4.5 万亿元，2016 年增长至 22.97 万亿元，同比 2015 年增长 25.52%。其中，B2B 市场交易规模 16.7 万亿元，网络零售市场交易规模 5.3 万亿元，生活服务 O2O 交易规模 9700 亿元。2010—2016 年中国电子商务交易额年均复合增长率达 31.22%。2017 年上半年中国电子商务交易额为 13.35 万亿元，同比 2016 年增长 27.1%。其中，B2B 市场交易额 9.8 万亿元，网络零售市场交易额 3.1 万亿元，生活服务电商交易额 0.45 万亿元。随着下半年各大电商"6·18"、"双 11""黑五""双 12"等促销大节的火热进行，全年我国电商交易额突破了 29 万亿元。

  自 2015 年李克强总理在政府工作报告中提出"制订'互联网＋'

行动计划，推动移动互联网、云计算、大数据、物联网等与现代制造业结合，促进电子商务、工业互联网和互联网金融健康发展，引导互联网企业拓展国际市场"后，各行各业掀起了"互联网＋"的新探索。而随着电子商务的持续发展，商业模式发展迅速，以手机为代表的移动设备已经成为我国电子商务行业竞争的主战场，而能最大限度满足手机用户需求的移动电商商业模式将成为这个战场上最有力的武器，帮助企业占领这个战场，反之则会被淘汰。

本书包括九章内容：第一章对电子商务的内涵与分类、功能、电子商务交易的基本流转程式进行了详细的讨论，展示了电子商务蓬勃发展的前景，并就如何迎接电子商务时代的新挑战提出了战略性的建议；在第二章中，首先讨论了电子商务战略研究的重要性和电子商务的发展环境，进而从政府和企业两个层面上对电子商务发展战略进行深入的研究；第三章论述了网络零售与在线服务以及电子商务模式在活动用的应用；第四章讨论无线电子的新应用；第五章探讨了网络技术的发展及应用；第六章对整个网络交易过程进行了全方位的讨论；第七章的重点是非常复杂的电子支付问题，包括电子支付的概念、方式、移动支付及网络银行的具体操作；第八章专门研究了网络商务信息的收集与整理，着重讨论了网络营销的对象、网络营销的目标市场定位、网络营销渠道的选择，分析了网络消费者的购买行为，探讨了企业网络促销的理念和方法；第九章在论述物流基本知识的基础上，对电子商务物流的发展现状、模式和供应链管理进行了专门的研究并深入探讨在"一带一路"发展的背景下跨境电商的发展。

作者在撰写本书的过程中，借鉴了许多前人的研究成果，在此表示衷心的感谢！探索知识的道路是永无止境的，因此本书也一定还存在着许多不足之处，恳请前辈、同行以及广大读者进行斧正，以便改进和提高。

作　者

2018 年 4 月

目　录

第一章　"互联网＋"及电子商务内涵与诠释

互联网变革的真正革命性影响是电子商务，即互联网在生活中将以商品或服务的形式存在，不仅会成为管理和专业工作的首选方式，甚至还会在全球配送渠道中以爆炸式的方式出现。从目前形式来看，互联网的应用无处不在，带来的便利也是有目共睹的。首先在国家的发展过程中，在互联网的基础上衍生出的电子商务对于国家经济、市场行业的结构组成、调整方向和产品服务等方面都有巨大的贡献，从而对消费者价值和消费者行为产生了深远的影响，有效地减轻了劳动力市场的压力。

第一节　移动互联网应用与发展趋势

一、互联网发展研究

互联网经历了三个时代，即门户时代、搜索/社交时代、大互联网时代，每一个时代都给中国互联网历史留下了深深的足迹，推动着中国互联网不断的创新和发展。

（一）门户时代（Web 1.0）

网络是信息提供者，单向性的提供和单一性理解，此阶段是最典型的门户网站，以百度为主的搜索引擎提高了用户获取信息的效率，增加了信息收集的准确程度，互联网生产力得到了极大的提升。

（二）搜索/社交时代（Web 2.0）

Web 2.0 是 2003 年之后互联网的热门概念之一，更注重用户的交互作用，用户既是网站内容的消费者（浏览者），也是网站内容的制造者。以前是那些大的网站在给互联网制造内容，现在，用户以个人身份参与了网站内容的制造。

这类网站的代表主要有百科全书、网摘、黄页、论坛、博客、搜索引擎、社交媒体（微博、Facebook）等。

Web 1.0 与 Web 2.0 最大的不同就是在 Web2.0 之中个人不再是互联网信息被动的接收者，而是作为一个主动者参与互联网的发展之中。用户不再是一个单纯的浏览者，而是成为了互联网的编织者、使用者与传播者。这种说法让互联网成为了一个循环体，以前在 Web 1.0 中作为终端的用户现在变成了这个循环上的一环。以前作为终端的用户现在可以利用这个循环把自己的想法、自己的喜好、自己的一切内容传播出去，扩大了互联网的资源也让互联网活跃了起来。

从内容产生者角度看，Web 1.0 是以商业公司为主体把内容往网上搬，而 Web 2.0 则是以用户为主体，以简便随意的方式把新内容往网上搬。

（三）大互联网时代（Web 3.0）

Web 3.0 是以主动性、数字最大化、多维化为特征，以服务为主要内容的第三代互联网系统。主动性强调网站对用户的主动提取并加以分析处理，然后给用户所需要的信息。通过数字最大化可以将商品或者服务以数据的方式进行统计，帮助决策者作出更准确的分析，同时可以解决不同业务场景上在时空方面的矛盾问题。多维化是指更丰富的多元化媒体技术或者播放形式，如在线视频、虚拟现实、网络直播、网络教育等。

Web 3.0 的典型特点是多对多交互，不仅包括人与人，还包括人机交互以及多个终端的交互。以智能手机为代表的移动互联网开端，在真正的物联网时代将盛行。网络成为用户需求理解者和提供者，网络对用户了如指掌，知道用户有什么、要什么以及行为习惯，进行资源筛选、智能匹配，直接给用户答案。大互联的形成，即将一切进行互联，如语义网、物联网等。这个时代将实现"每个个体、时刻联网、各取所需、实时互动"的状态，也是一个"以人为本"的互联网思维指引下的新商业文明时代。

二、"互联网＋"的内涵

（一）"互联网＋"是互联网的全方位应用

互联网归根到底是一种工具，就像前几次技术革命中的蒸汽机、电力一样，从被发明后就得到各行各业广泛应用。从这个意义上来看，"互联网＋"实际上就是以移动互联网、云计算、大数据等为主的一整套互联网信息技术应用在社会经济发展各个方面的过程。那么，单纯地从"互联网＋"的应用角度来理解或许还是会让人们产生各种疑问，要是市场经济在应用"互联网＋"之后可以让各行各业在巨大的竞争压力下选择压缩成本，那么人们就一定会想：这一积极作用的产生是否就可以让互联网的应用成为水到渠成的事情呢？为什么各个国家都以不同的形式将类似于"互联网＋"的内容（如美国的工业互联网）列为国家级战略布局？秘密在于互联网与哪些产业"相加"。

（二）"互联网＋"是产业应用，更是产业重塑

从中国近20年来互联网的短暂发展史来看，中国当前正经历互联网商业向互联网工业过渡时期。互联网与商业的结合，极大地改变了我们的日常生活方式，中国电子商务的快速发展印证了这一点。互联网对商业的改写，毫无疑问地降低了市场的运行成本，弥补了中国非统一市场的缺陷。但本质上并未改变其商业属性，解决的仍是生产与消费的低成本匹配问题；基于互联网的零售新业态，从本质上只是缩短了零售环节，节省了交易成本。经济史研究表明，商业经济时期社会的创新能力并没有显著提升，其互通有无的本质注定不会产生"生产什么以及如何生产"这样的经济知识。因此，基于商业贸易的互联网应用，虽然可以改变产业形态，但理论上来说并不会大规模产生新的经济知识以及技术创新。但互联网与工业的结合，却在改写工业生产方式、经济知识供给方式以及技术创新的模式。美国的互联网发展

及其战略规划恰恰是这个判断的一个脚注：美国互联网产业发展较早、市场规模也较大，但因为其线下商业体系发达，因此互联网商业发展并没有中国式的爆发式增长态势。这从侧面证明互联网商业在本质上仍是传统商业的有益补充；但工业互联网发展却成为美国的国家战略，原因就在于在工业领域，互联网并不仅仅是一种工具。基于互联网的工业并不是传统工业的补充，而是对传统工业的升级或替代。发达国家虽然服务业占比超过工业占比，但发达国家均具有对工业技术的核心掌控能力，制造业发展对于国家创新体系仍起到非常重要的作用。

（三）"互联网＋"的本质是传统产业的在线化、数据化

"互联网＋"的本质是传统产业对互联网的深层次、全方位应用，以及互联网对传统产业的改造和重塑，而非简单的在线化和数据化传统产业。互联网的应用可以解决现有市场机制下许多解决不了的问题，如缓解信息不对称、降低交易成本；也可以通过改变生产流程，促进竞争力的提高。我国互联网在商业领域的应用已经处于世界领先水平，而互联网在工业领域的应用却大大滞后。从互联网商业到互联网工业，是从互联网应用到"互联网＋"的最好诠释。互联网及信息化正在带来新一轮科技革命。中国当前处在引领产业革命前沿的最佳机遇期，抓住这次机遇，对于中国经济的长远发展和创新体制建设具有深远的意义。

三、"互联网＋"的特点分析

"互联网＋"并不是简单的两者相加——互联网＋各个传统行业，实质上是利用互联网平台在传统行业的发展中应用信息通信技术创造新的发展趋势。它所展现的是一种互联网在社会资源配置中促进优化和集成作用的新社会形态，然后让市场经济以及社会各个方面都在互联网的创新成果上收益更多，最终让社会的创新力和生产力不断地提高，让经济发展向新形态迈进的脚步更加稳固。

随着科技的不断进步，"互联网＋"早已深入到各行各业并带动其朝着更好、更快的发展方向前进，当前社会中大家随处可见的产业在发

展中取得的成果都得益于"互联网＋"的贡献，例如电子商务、互联网金融（ITFIN）、在线旅游、在线影视、在线房地产等新兴行业的崛起。

"互联网＋"值得关注的六大显著特征如下。

（一）跨界融合

"＋"顾名思义就是多种融合成一种的含义，同时也是一种来者不拒、海纳百川式的跨界变革，具备绝对的开放性。只有敢于跨界融合协同才能集广阔优势于一身，让基础更加坚固牢靠，从而实现产业化、智能化。在融合中不仅包括产业的融合，还有身份的融合，即投资代替客户消费、单一经营变伙伴参与，融合方式不拘一格，生产效益接连不断。从传统行业和互联网两方面看，不管是面向哪一方，两者的有效融合都可以使开放度提高、适应性增强，想必这都是一件两全其美的事情。

植物嫁接往往会带来惊人的变化。据研究，影响植物嫁接成活的主要因素是接穗和砧木的亲和力，其次是嫁接的技术和嫁接后的管理。"亲和力"就是接穗和砧木在内部组织结构、生理和遗传上彼此相同或相近，能互相结合在一起的能力。亲和力高，嫁接成活率就高；反之，则成活率低。这种机理和"互联网＋X"何其相似。"＋"要求双方而不是单方的亲和力，可以看作各自的融合性、连接性、契合性、开放性、生态性。

互联网的出现与应用给产业带来了突破性进展的同时也带来了不可逆转的冲击。我们都扪心自问，互联网对于每个人的生活都有着非比寻常的影响，并且这种影响作用于生活的方方面面，互联网无所不在、无所不能。由此可见，在过去的20年里，我们已经逐步接纳并拥抱了互联网，生活中有了互联网的相伴才使得我们了解了更多的科技。一直以来作为最高级的哺乳动物，能够掌握能动性和创造性的就应该是人类，而不是现有的科技技术，技术会接二连三地产生，最终的主导还是人类。互联网就好比之前的科技产物，它们的作用仅仅是服务于产业，但永远不会取代产业。所以我们需要做的就是客观面对互联网，不将它视为洪水猛兽，因此又何必担心现有的产业被颠覆呢？

融合在现代的发展中是一种必然的趋势，正所谓弱肉强食，适者生存。冲击必然存在，但颠覆肯定少有发生，所以想要掌握发展中的能量，势必就要有一种气度，一种勇气，从而形成一种追求。

（二）创新驱动

现在的中国正处于一个"大众创业、万众创新"的时代。创业需要的是机会，创新需要的是技术，前者是后者的前提，而后者是前者的保障。所以也可以说现在是一个信息经济时代，甚至是数据经济时代。资源、客户、创新被认定为发展的关键驱动要素。我国的经济发展在改革开放的前 30 年里，生产状态一直是把主要目标放在资源上，捎带关注客户驱动，创新驱动方面的努力是最缺乏的。目前在我国，还未完全解放生产力，结构重组能力未得到充分展示，这两大因素是主要约束中国经济发展的原因，除此之外，再加上人们的创新意识不够，导致中国的经济发展一直缓慢地进行。

就现在的发展趋势而言，如果中国仍然采用传统的经济发展方式显然是行不通的。中国的发展眼光必须与时俱进，正所谓识时务者为俊杰，采取创新驱动发展的道路已然是最明确的选择。与此同时，要打破自我限定，解除所有束缚，大胆地跨界协作，融合一切可融合的环境与条件。这才是互联网所要传达出的真正含义。创新的实质就是改变，改变就是自我革命。

我国政府早在 2015 年 3 月 13 日《中共中央国务院关于深化体制机制改革加快实施创新驱动发展战略的若干意见》条令颁布的时候就明确指出：国家发展全局的核心是科技创新，政府还进一步做出了四个统筹计划：第一，统筹改革科技体制和经济社会各领域的创新；第二，统筹模式创新，一改过去的传统模式；第三，统筹实现军民融合的创新，大力宣传军民不分家；第四，统筹打开国门，互通交流的创新，实现开放性，统一协同发展。由此可见，科技创新对于一个正处于向创新驱动发展转型的国家来说是多么的重要，地位显而易见。在不久的将来，中国的发展方向一定是朝着创新型驱动发展，这一点将毋庸置疑。那么创新型驱动发展究竟该如何实现呢？发展的需求一定是改变，守着固有的藩篱肯定是死路一条，唯有大众创新才是明智的选择，人多力量大的道理正好符合这里，目前最应该有的"新常态"也是共同创新，跨界融合。

我国在目前的发展形式中要想改变原地踏步的现状，唯有将创新驱动代替要素驱动才能得以实现。首先就是要从根源出发——人们的传统思想，只有改变人们的传统观念，从心里接受创新驱动改革，才能在以创新为主题的活动中充分地调动人们的积极性，在有了兴趣这一前提下，然后才能进一步在企业建立创新机制，最终等到改革结出累累硕果，中国在经济发展的道路上才会动力十足，稳步前进。

随着经济改革的一路顺畅，人们在最开始遇见的如出口不振、个别行业倒闭、经济增速减缓等各种风险现已慢慢烟消云散。归根结底，改革就不是一件轻而易举的事情，一蹴而就显然是不现实的，在这个过程中就要有面对高考的心理状态，耐住寂寞、扛住压力、忍住煎熬。因为在这个过程中会存在想要回到过去的资源驱动型模式现象；存在受短期利益和政绩迷惑的现象；存在承受无名抵制与削弱的现象。仅仅面对这些还不够，除此之外，更具挑战性的是人们提出的一系列关于驱动要素本身的动能如何与创造性关联实现压缩成本、创造价值的问题。所以这就是"互联网＋"被选中的原因。相信选择"互联网＋"最终在改革的道路上一定能够守得云开见月明。

（三）重塑结构

互联网的出现促使了信息的全球化，社会在经济、地缘、文化等方面原有的结构被打破，致使所有的规则都在不断地变化。"互联网＋"在对于社会的治理一定会是不同凡响的。

互联网时代的到来就意味着重塑结构要开始实施了。那么重塑结构带来的改变与影响会在下一章进行全面的梳理。互联网改变了原有的固定关系结构，在一定条件下让用户、伙伴、股东、服务者等固有身份可以自由切换。互联网不仅改变了这些，在地理边界的管理模式也完全被重新定义。

互联网在对于社会的重塑过程中写下的最辉煌的一笔就是建立契

约和信任关系，使得社会的关系网中人们拥有了新的能力，进而建立了新的人际关系。最终"互联网＋"想要给予社会的最大福利就是还给人们一个智能社会，"互联网＋"的出现就是帮助人们实现生活在一个高效、节能、舒适环境中的愿望。

互联网对于信息的改变就是将信息的民主化代替信息的不对称性。只有人们在创造信息、传递信息的过程中享受民主化，那么人们的创新思维才会越来越活跃，进而实现创新科技就指日可待了。互联网的作用是让社会结构适时改变，紧随最新动态，让社会变迁随时被了解。所以企业管理者必学的就是接触点设计和卷进方式设计，而商业运营和品牌传播中应该重点关注的要素在于注意力和引爆点上。

互联网的出现又衍生出一个新的技术产品——互联网ID（身份标识号码），当这个产品刚一问世就被人们争相使用，使得现实世界与虚拟世界有时分开，有时又紧密联系，社会中的各种动态随时可知，各大媒体无时无刻不在报道着，最终导致由个人意愿起草雇佣协议，以往的组织、雇用、合作都被重新理解定义。

互联网的应用不仅使人们在生活中的方方面面都得到便利，还降低了社会中各种产业的运营成本，进而提升了全社会的经济效益。例如一直以来都很困扰我们的难题——购买车票，以前都是必须去火车站排长队抢票，即使如此也是希望渺茫，费时费力，而现如今人们分分钟就可以通过移动终端完成抢票任务。互联网技术能够使网络持续在线，从而人们的移动终端可以随时随地地与网络连接，那么也就代表着用户可以随时随地在移动终端完成传递信息、娱乐、购物等需求。

以往人们所面对的网络技术并不像现如今这样开放和人性化，一个黑箱似的信息承载体使得信息完全不对称，现在的互联网让人们从被动的位置变成了主动的位置，可以尽情地发挥自主权体验不一样的互联网时代，人们更多的需求可以轻而易举地被满足。例如，海尔品牌就可以根据人们的个性化要求让工厂有依据地生产产品。在这个网络大数据时代，信息传递如此之快，如此之准确，所以才能实现大众参与设计、参与管理、参与创新。互联网创造了一个新结构、新格局——"众"经济，其中"众"指众包、众筹、众创、众挖，是一种新的经济模式。除此之外，"众"还包括大众、小众、个体等，既可以说是独立的自己，也可以说是联系了全世界；既可以说是一个明确的标准，也可以说是一个独特的个性；既可以说是专制，也可以说是民主。然而这一切脱离互联网都是不可能实现的事情。

（四）尊重人性

正如前面所说，互联网的出现是辅助推动社会发展的，并不能决定社会上任何事物、产业的何去何从，最根本的主导者还是人类。所以现如今科技的进步、经济的快速增长、文化的快速传播都来源于人性光辉的能量，互联网的作用就是进一步将这种能量放大，使之扩散到生活中的方方面面。互联网充分地做到了尊重人性、重视人性上的创新与发明。

人性是科技发展、社会进步所不能忽视的一个重大因素。正所谓不积跬步，无以至千里；不积小流，无以成江海。人性即是发展中的最小单元、是融合的起点、是科技进步的理由。所以人性就是发展道路上的驱动、方向、市场和需求，在这个过程中小到一次互动，大到一个平台都要考虑人性的需求，在此基础上进行规划创新。

人性在社会中是所有联系的核心，是检验一切规则制度的标尺。尊重并重视人性，进而推崇人性是最大的增值服务。所以从何而谈提高服务？从何而谈服务转型？就从最本质的不忘初心，牢记使命——基于人性。

（五）开放生态

在发展的道路上怎样实现跨界融合，创新驱动呢？答案就是"开放生态"。那么问题又来了，如何开放，从哪开始开放呢？针对这个问题，我们要明确的是社会的改革是通过企业的改革得以实现的，企业的经济发展带动全社会的经济发展，所以，开放的即是企业的生态，也就是优化各行各业的内部生态，实现内部与外界的完美对接，从而更好地跨界融合。当然更重要的是不能盲目、随意地选择融合对象，选择例如技术和金融、产业和研发等好的生态才能激发社会创造更大的经济效益、更多的创新价值，反之，不仅会阻碍促进转化，故步自封，甚至会倒退。

1. "开放度"决定各行各业的命运

毋庸置疑，商业在未来的发展趋势一定是无边界的。因此在这一展望中，开放性和生态性就是决定一个企业能否跨界融合成功的关键因素。假如我国继续待在一个自我封闭的环境里，那么又何谈颠覆性创新呢？唯有在开放的心态下做跨界融合规划，才能更好地洞察自己的决策，自然也就能做到深刻思考，创新更完美的商业模式。

事实上，实现跨界融合的关键核心就是做到绝对的开放。只有在一个开放的环境里，才能取长补短，善于发现内部与外界融合的共通点。在此基础上才可以制定更合适的跨界合作规则。简而言之，很显然未来企业发展的一个大的趋势就是将企业的内部延伸与外界融合，互通合作，结合集体的力量才会更轻松地推动创新。

2. 创意、创新、创业，生态至上

创新的前提是生态至上，这绝对不是凭空而谈。如果生态限制创新那将是一个多么悲伤的故事。众所周知，培育一个新品种所需要的不仅是优良的种子，还有肥沃的土地和舒适的环境。那么同样的道理对于科技发展来说，创意、创新就相当于优良的种子，生态就相当于肥沃的土地和舒适的环境。现如今国家大力倡导"大众创业、万众创新"的目的就是先发展一大批微小型创新企业，在其成长的过程中带动更多企业发展，逐步成为引领未来经济发展的"领头羊"。实现这一伟大目标最重要的条件就是创意、创新和生态。创意和创新就要依靠人们聪明的头脑，而生态构建需要社会各要素的完美配合，内在与外在的有效的连接，信息互通。关于"互联网＋"的实施，生态的建设是非常重要的，因为开始实际上就是生态的根本。"互联网＋"的推行就是一改过去的孤立形式，解除制约条件，把一个个的孤岛连接起来，让研发跟随人性的需求方向来驱动市场，最后让更多的创业者实现自己的创业梦想，让更多的创新科技得以实现。

创新发展一方面要清除障碍，另一方面要同时做到以人为本、结合市场情况，使得产业化和技术化更符合创新中国的实际情况，让社会发展实现价值创新。

总体而言，对生态计划进行重新规划才是"互联网＋"行动计划的核心，其中生态计划包括教育生态、协作生态、创业生态、虚拟空间生态，以及资源配置分配规则等方面。可见这场意义深远的改革运动所要关注的方面之多，挑战的难度之大。首先单从教育方面来说，就不能仅仅局限在专业教育与职业教育，要综合高中教育与大学教育、大学教育与应用教育的差异情况；然后就是社会价值方面，要在创意创新与价值创新之间搭建沟通桥梁；最后综合所有价值创造生态，让此环境下的知识产权和人力资本完美的匹配。

（六）连接一切

我们在建设"互联网＋"的时候一定要彻底了解"连接"与"互联网＋"之间存在怎样的关联，因为互联网在未来社会中影响力的大小完全取决于建设了一个怎样的连接生态。"互联网＋"中"＋"的核心定义就是融合，而融合的前提保障却是连接，连接一种交流方式，是一种存在的形式，能够连接才代表着有共性之处，除此之外，在这样的前提下，连接的方式、效果、质量等方面还要具备广度、深度与持续性等特性才能有跨界融合的资格，如果连"互联网＋"最基本的定义都符合不了，何谈运用"互联网＋"进行发展经济呢？

进一步对连接深入研究发现，对连接细分下来还是有层次的，而不同层次之间存在的差异导致连接后产生的价值也相差甚远，但尽管如此，还是不要忘记"互联网＋"最终的目标是连接一切。连接具体被分为以下三个层次：连接（Connection）；交互（Interaction）；关系（Relationship）。它们之间的差异明显表现在连接方式和连接内容的不同。第一层"连接"几乎所有的移动终端都可以做到，例如我们生活常用的各种 APP、玩游戏、看视频等，短时期内都可以快速地与网络连接获取流量；第二层"交互"可以说是实现过程中的连接步骤，占有不可或缺的地位，如果没有这一步，将无法联系前后进行分流和导流。曾经在心理学的研究中，研究者就用"交互"一词来概括社会物理学，由此可见，"交互"对于建立信任和依赖是多么重要；第三层

"关系"是连接的最终目标，也是创新的最核心部分，最终连接的归宿就是形成信任关系，以此作为创造社会价值的根基。连接一切的前提保障是要具备技术、场景、参与者、协议与交互、信任等基本要素。对于这些要素的组成，人们最不理解的就是信任为什么要被纳入其中，究其原因在于互联网改善了信息的不对称性，在改善过程中对于连接节点是否被替代的判断上，信任起了决定性作用，是信任使"＋"被赋予的任务顺利完成，实现信息传递畅通无阻。

实际上对于信任不难理解，就如同我们人与人之间的交往，信任肯定是一个前提，就相当于一个人的信誉一样，如果失去了信誉谁还会信任你呢？谁还会理睬你呢？同理可证，为什么在"互联网＋"中信任如此的重要。没有信任，谁愿和你连接呢？那样和"失连"又有什么差别呢？如果"失连"了，又何谈企业的快速可持续发展呢？所以，"互联网＋"也会催动社会诚信和信任，同时也证明了前面所述的尊重人性能够推动社会进步。

"互联网＋"在发展中的应用可以用生活中的事情去理解，"互联网＋"中的节点就如同入口，"互联网＋"的连接器就如同车票，无论单一入口的汇入量是多么庞大，只要是不能对其进行导流、分流的存储，那么最终的价值体现也是瞬间的，难以维持长久。这也是腾讯为什么会提出要将互联网的连接器这一位置让给微信，因为在如今的"互联网＋"社会中唯一联系人、物、机构的 ID 是微信，而信任关系是支撑他们野心的最重要因素。

四、"互联网＋"发展概况

2017 年，我国互联网行业继续保持强劲增长，不断突破传统红利放缓的限制，线上业务加速拓展、线下空间积极探索，新模式、新业态加快培育，持续推进与实体经济深度融合，国际影响力进一步增强。

一是整体发展稳中有进。行业增长保持强劲。得益于新兴业务的持续拓展和资本市场对互联网行业的青睐，2018 年上市公司的年营收门槛为 138.64 亿元，这也是继去年首次突破百亿之后，提升了 22.44%，今年中国 500 家上榜的上市公司总营业收入达到了 39.65 万亿元人民币，较去年上涨 18.22％，涨幅翻倍；净利润更是达到了 3.48 万亿元，增长 24.24％。

市场份额向巨头集中。行业已步入腾讯、阿里巴巴双寡头竞争阶段。从体量看，两家企业合计占行业总营业收入和市值的比重分别达 35％和 65.6％，均创下历史新高。从行业生态看，两家企业在电商、金融、人工智能、文娱等多领域开展竞争布局，众多主要已上市和非上市的互联网公司均成为两家公司生态布局的一环。

数字内容开辟增长新空间。一方面，以短视频为代表的数字内容新形式快速发展，围绕 IP 的大文娱产业迅速崛起，专业化、定制化的内容不断涌现，产业规模加速扩张。另一方面，以信息流为代表的新分发形式快速发展，基于"算法＋数据"的个性化推荐和精准分发成为主流；内容付费持续活跃，订阅内容从游戏、视频向图片、阅读、音乐等延伸。

二是与实体经济深度融合。在消费领域培育内生增长动力。我国电子商务、移动支付、共享经济发展引领全球，各类生活服务业务规模持续扩大。2017 年我国网络零售额超过 7.18 万亿元，同比增长 32.2％；前三季度，移动支付交易规模近 150 万亿元，居全球首位；共享经济爆发式增长，网约车日均订单数超过 2500 万人，共享单车用户规模超过 3 亿人。

在生产领域驱动新一轮工业革命。在互联网驱动下，制造业平台化、生态化新型体系加速形成，制造业向智能化、高端化、服务化、绿色化迈进。目前，我国数字化生产设备联网率近 40％，实现网络化协同的制造业企业超过 30％，开展服务型制造的企业超过 20％。在家电、机械、航天等垂直领域，涌现出一批工业互联网平台。制造业骨干企业互联网"双创"平台普及率超过 60％，大中小企业从浅层次协同协作，向深层次融合融通演进。

在民生领域提升公共服务能力。我国在公共服务各领域发展迅猛，服务范围、模式及效率均得到大幅度提升。在政务领域，一号申请、一网通办、一窗办理的模式快速普及，真正实现了"让信息多跑路、群众少跑腿"。在教育领域，我国已有超过 50％的中小学采用了 O2O

的教育模式，在线职业教育使用占比达到 35％。在医疗领域，全国共有 1200 多家医院支持微信挂号，累计为患者节省就诊时间超 600 万小时，一改过去挂号时间长、候诊时间长、取药时间长的局面。

三是国际影响力持续彰显。积极拓展海外市场。当前，全球国与国之间数据流量每两年翻一番，数字贸易保持高速增长，阿里巴巴跨境电商平台已覆盖 230 个国家和地区，微信、支付宝等移动支付业务覆盖国外大量机场和百货商店，2017 年全球 225 个国家和地区用户参加了我国"双十一"购物日，成为中国制造、中国品牌走向世界的新渠道。

技术差距进一步缩小。云计算方面，阿里云收入规模已位居全球第三，仅次于亚马逊的 AWS 和微软的 Azure；国内云计算市场份额前三名均为我国企业。人工智能方面，我国在各主要领域布局基本与美国保持同步，国际科技论文发表量和专利授权量均居世界第二位，语音识别、计算机视觉等关键核心技术处于世界领先水平，涌现出百度、科大讯飞等一批有世界影响力的企业。

网络空间国际影响力快速提升。2017 年，《网络空间国际合作战略》正式发布，为世界互联网治理贡献了中国方案。目前，我国已连续四年成功举办"世界互联网大会"；同时，积极推进中美等双边及与"一带一路"沿线国家的网络合作与交流，努力推动中国网络治理主张成为国际共识。

五、"互联网＋"的发展趋势

从目前的发展趋势来看，"互联网＋"是处在一个人人都热议但没有实际理论落实的初级阶段。对于那些看好"互联网＋"发展前景的商家会对其进行不断的、细致的论证与探索，但另一部分还在茫然的商家会继续观望"互联网＋"的全部动态。从技术探索的层面上看，相比传统企业互联网商家会更抢先一步，因为互联网商家从起步开始追寻的目标就是"互联网＋"，毕竟这是他们改变其他行业的唯一方式，在网络技术方面他们更具优势和经验，在探索的路上也会轻松些、顺利些、容易些，最终达成扩大自己的生态。

从社会发展的历程中发现，真正被"互联网＋"改造的行业都是非常传统的行业，但是并不能因为这样的情况就断定这些行业自身是不做网络化探索的，事实上不是没做，而是没有找到正确的方式改革，最终失败而已。据历史记载，这些传统行业早就意识到互联网化的重要性，它们的改革中多数是借助 B2B、B2C 等电商平台构建网络销售渠道，但也存在着一些线下企业因为无法解决线下渠道与线上渠道的冲突问题而不敢尝试网络销售渠道，依然坚持采用信息推广与宣传的方式。除此之外，还有一部分试验者想要自搭商城，最后还是以失败告终。但是这种方式不得不说是个具有前景的方式，前者失败的原因是多方面的，不能因此彻底否定，因为后续的试验者通过电商平台自创品牌，自行摸索销售产品得到了一条电商之路。

与过去相比，现在是一个"互联网＋"盛行的时代，当前"大众创业"的项目不再是传统企业实行的项目，恰恰相反，在最初的创业时期都会结合互联网技术，无须再像传统行业一样进行转型与升级。"互联网＋"的出现就是促进更多的互联网创业项目的生成，进而减少国家在转型和升级过程中对人力、财力、物力的消耗。在国家发展的长河中，不同时期都会有符合时期特点的常态和发展趋势，那么当前的常态和发展趋势就应该是大量传统企业被改革，"互联网＋"模式爆发式盛行。

趋势一：政府推动"互联网＋"落实。

在今后的改革中，"互联网＋"会在全国实行。全国各地的政府都拥有一个相同的角色——改革的助力者。针对那些需要转型的传统企业，政府需要做的就是提出有建设性的方案，然后公平、公开、公正地招标一些有能力完成政府提案的企业，政府只做推动者。

一是努力寻找符合相关政策、为接受政府任务做好准备的企业，并且政府还要对其大力宣传，成为其他企业的学习榜样。

二是开发具有潜力成为"互联网＋"型的企业，如果成功就是典型案例。

三是多多考察实地情况，有针对性地推行"互联网＋"模式，普及正确概念，建立"互联网＋"产业思维，从而结合当地资源创办互联网企业。

四是辅助当地企业的运营和发展，普及互联网知识、培训企业工作人员，最终实现顺利引进"互联网＋"技术。

五是信息互通，经验共享，彼此建立长期的、互帮互扶的合作关系。

趋势二："互联网＋"服务商的崛起。

在政府与企业合作的趋势下慢慢衍生出一个新的角色——"互联网＋"服务商。在现有的条件下会以互联网企业为主来担任这个角色，但也不乏有部分传统企业逆袭成为这一角色的担任着。事实上从改革的角度理解，传统企业成为"互联网＋"服务商也是一种转型。这一角色的性质类似于中介，它在企业和政府中都没有实质的工作任务，它的任务是在线上线下协调双方的合作，让双方的工作实现顺利交接，效益来源于双方合作成功之后交付的服务费用及各种增值服务费用。

其中增值服务费用来源于培训、招聘、资源寻找、方案设计、设备引进、车间改造等可能增值服务项目。最初的"互联网＋"服务商可能是个体经营，慢慢地随着发展也可能演变为复合体经营，未来也许会转型成为纯互联网模式的企业。全力服务于第三方在大数据、云系统、电商平台、O2O 服务商、CRM 等软件服务商、智能设备商、机器人、3D 打印等方面的需求。

趋势三：第一个热门职业——"互联网＋"技术。

转型成功后，"互联网＋"技术职业会成为了第一个流行的职业。"互联网＋"时代的到来势必会需要很多专业技术人员，因此这个职业将成为更多人的首要选择，进而会导致大量的专业技术从业者的出现。那么从事这一行业的人们为什么被称为专业技术人员呢？想必也是和"互联网＋"服务商的工作要求有关，这一行的要求从业者不仅要有整体性规划思路——从互联网角度出发，以大局为主策划解决方案，同时还必须拥有一个擅长的网络技术，因为"互联网＋"服务商几乎会为每一个企业配备专门的服务代表，实行一对一上门服务，所以找到一个自己擅长的领域可以让工作更加顺利。

趋势四：平台（生态）型电商再受热捧。

在未来，"互联网+"服务商很可能转型为一个专门从事互联网的平台，所以在这样的趋势下，人们的注意力会逐渐地转移到如平台型电商、生态型电商、大型平台电商及地方平台电商等多种形式的电商上，将会有更多的传统企业接触这些不同类别、不同大小的电商。其中有些平台可能会从更好为企业服务的角度出发建立自己的"互联网+"服务公司。对于转型初期的传统企业来说，加入这些平台或许会给予企业更大的帮助。首先，可以直接学习这些平台提供的经验及管理模式；其次，可以减小自主建立平台失败的风险；最后，平台就像一面镜子一样，可以让企业及时地发现自己在资源优势上的不足，通过平台了解其他企业并与之合作，从而改善自己的产业布局，让发展更加长远。除了以上可以收获的益处，这样的方式还有利于传统企业快速找到适合自己的转折点，进而发展壮大，也成为一个生态。这样一来，线上线下的资源整合会促使更多的平台或生态的产生，而"互联网+"需要做的就是更好地将两者联系在一起，从而促进整个行业的发展。

趋势五：提高对供应链平台的重视程度。

在平台运行的过程中，供应链平台的建设应放于首位，同时在市场上也会出现一批专门为供应链平台运行提供设计方案的服务者。实际上，实现供应链的互联网化运行就是企业转型的根本，也可以说是对供应链进行优化和升级。在传统企业转型过程中最难的一步就是对企业底层的供应链进行优化与改变，其他方面都可以效仿其他企业的发展成果。

传统企业在过去的运营模式中，供应链的效率极低，除此之外，再加上物流、现金流等各种重要因素，致使企业转型的步伐更加艰难，因为这些维持企业运行的因素在企业管理者的眼中是很难改造的。所以，"互联网+"行业就要求从业者当中要有设计改造供应链的专业人才，为这些在转型中遇到困难的传统企业提供高效的专业服务。

第二节 "一带一路"的规划与趋势

一、"一带一路"的由来

　　丝绸之路的起源、发展和繁荣大致可以分为几个时期。公元前2世纪，中国正处于西汉时期，虽然文景之治后，西汉王朝日渐强大，但是，边境却屡遭匈奴劫掠。至汉武帝时期，当时的决策层决定对匈奴进行大规模打击。为此，汉武帝派遣张骞出使西域，寻找匈奴的世仇大月氏，以联合对匈奴发动战争。张骞于建元二年出发，从长安向西进发，可惜一行人被匈奴虏获并囚禁十余载。逃脱后，张骞等人继续向西进发，最后抵达大月氏。虽然未能促成大月氏与西汉结盟共同讨伐匈奴，但是张骞却发现西汉的商品早已出现在大月氏，比如四川的邓竹杖以及蜀布等。由此，张骞断定从属地四川还有通道能够抵达大月氏。任务失败，短暂停留之后，张骞等人返回了长安。此次出使西域是历史上第一次官方组织的使团出使西域，虽然没有达成政治目的，但是却为联通西域，开辟了一条通路。公元前119年，张骞第二次奉汉武帝之命出使西域，而本次出使的目的不再是寻找盟友，讨伐匈奴，而是出于恩泽四海，以及促进西汉与西域国家交流的目的。与上次不同，本次出使，一同出的有大量具有冒险精神的商人，并携带了许多具有汉朝特色的商品。这次出使先后抵达乌孙国、康居、大宛、大夏、大月氏、安息、身毒等国，汉朝精美的商品在这些国家受到了喜爱和追捧。同时，张骞返程的时候也带回了各种各样富含西域元素的商品。自此，西汉与西域国家间的物质交流逐渐频繁起来，越来越多的商人开始依靠这条通道从事贸易活动，丝绸之路也由此开始步入繁荣鼎盛时期。东汉时期，由于大新帝国的阻绝，丝绸之路被迫中断了58年，而后，班超重新打通了这条通道，并派遣甘英携带大量商品走访西域各国，最终抵达条支。条支（现今土耳其境内）已经进入了欧洲腹地，这表明，东汉时期，中原地区就已经初步通过丝绸之路建立起了与欧洲的联系。通过丝绸之路，无数的商品在印度、东南亚、中东、欧洲以及中国之间流转，夹带着各民族的文化、思想和技术，创造了空前的繁荣景象。丝绸之路的第二次繁荣起于唐代，唐代在经济上的崛起提高了与周边其他国家交流的需求，而军事上的强盛也为丝绸之路的畅通提供了保证。盛唐时期，统治阶级为了重开丝绸之路，借助征伐突厥的时机，对沿路国家进行了征讨，成功纳入西域诸国，并设立专门的机构——安西四镇对西域诸国进行管理。这个时期，不仅对原有丝绸之路进行了贯通，新的丝路支线也被不断开辟，新修了唐玉门关，向东开辟了丝绸之路在天山北路的支线，西线也全面贯通，直抵中亚。与丝绸之路第一次的繁荣有所不同，唐朝的丝绸之路建立在西域小国臣服的基础上，加之统治阶级对这些西域小国实行了有效的管理和统治，使得丝绸之路更加畅通，为丝绸之路的再次繁荣奠定了基础。如果说汉代的丝绸之路主要是贸易通路，那么唐代的丝绸之路承载的就不仅仅是往来于各国的商品了。这一时期的丝绸之路一个显著的特点是文化与宗教的交流开始逐渐增多，大量的国家向唐朝派遣出遣唐使，学习中国的技术和文化，先进的技术因此在诸国间流传。值得一提的是日本，虽然日本并不在丝绸之路沿线范围之内，但是，这一时期日本与中国的交流非常频繁，派遣了数量不小的遣唐使到唐代，不仅带回了唐代的商品和文化，还将很多西域的商品和物件也带回了日本。

这一时期的商品的消费量也急剧上升，一方面，因为利用丝绸之路进行贸易的国家越来越多，商贸往来所交易的货物也得到了极大的丰富，不仅是种类上的丰富，还包括文化上的丰富，从艺人到野兽，从吃穿用度到金银细软，从器皿到武器，从书籍到乐器，各个国家的商贾带着具有民族特色的商品，给丝绸之路沿线的人们展示着自己国家的文化、风俗和技艺。另一方面，唐朝时期的繁盛远超其他朝代，人们的物质生活水平较高，消费能力也得到了保证。特别是一些高门大户，追求新奇的消费风靡一时，购买西域商贾贩卖的奇珍异宝、宠物和艺伎成为了当时的时尚。

安史之乱后，唐朝内部陷入混乱，国家经济发展严重倒退，战火对以农业生产为主的唐朝的影响几乎是致命的，最明显的是蚕业的发展受到影响而停滞，导致丝绸的产量急剧下降，给丝绸之路的贸易往来带来了负面的影响，丝绸之路因此而一度中断。虽然唐朝内部的纷争导致丝绸之路无法再以中原地区为主而畅通繁荣，但是，随后蒙古帝国的兴起又给丝绸之路的发展提供了契机。这一时期，蒙古帝国在成吉思汗的带领下逐渐强盛，疆土面积之广达到空前的高度。虽然当时蒙古帝国的统治阶级并没有重建丝绸之路的想法，但是由于蒙古帝国开疆拓土，将丝绸之路所覆盖的地域几乎都收归旗下，并捣毁了丝绸之路沿线设置的各种关隘和城墙，这导致丝绸之路的畅通也达到了一个前所未有的高度。

由于蒙古帝国对外国人抱有非常欢迎的态度，甚至任命过外国人担任地方行政长官，因此往来于丝绸之路的外国商人和宗教人士又逐渐增多。与以往的丝绸之路不同，这一时期，往来于丝绸之路的不再是大量的商贾，而是带有宗教目的和政治目的的人士。而后，丝绸之路在14世纪逐渐没落荒废，西域诸国也逐渐从丝绸之路上消失，成为流沙。

二、"一带一路"的近代发展

在近代，丝绸之路的发展可追溯到甲午战争时期，清政府内忧外患，决意奋发图强。当时，英国、法国、俄国均在中国修有铁路，却没有能够联通各地的铁路网，时任两江总督的刘坤一意识到这一问题的严重性，遂向清政府上书"英、法、俄争造铁路，以通中国，现已包我三面，合之海疆，竟成四面受敌之势，则铁路安可以不修？"这一建议符合了清政府当时的诉求，于是，清政府颁布上谕对外宣称将全面修筑铁路。在这样的背景下，全国上下提出了各种修筑铁路的大计划，其中，最有代表性的是时任交通部扶正的法国人海沙昂，他提出了一个由21条干线组成的中国铁路修筑总规划。该规划纵贯南北、横跨东西，南边与泰、越、缅相连，北面联通沙俄恰克图修筑的南北国际大通道，中国境内的铁路网则覆盖秦、豫各省，中国的铁路网能直接与外国铁路相通的东西国际大通道，这一规划与新亚欧大陆桥的方向相近。

1905 年，清政府开始于丝绸之路上修筑铁路网，第一段为汴洛铁路，是中国境内联通欧亚大陆的第一条铁路。1918 年，中国民主革命的先行者孙中山先生在其所著的《建国方略》中首次提出了建设现代化铁路的倡议，主张以沿海各港口为支点，以中央、东西南、东西北三大铁路网为骨架，修筑贯通全国，联通各地的铁路运输网络。并以此为基础，连接国际交通网，为此，孙先生在书中特别指出，应当修建乌鲁木齐至伊犁段的铁路，与欧亚大陆桥相连。这一方案虽然与丝绸之路的走向总体契合度不高，但是，其建设丝路是修筑国内通达的铁路系统，并借势联通丝绸之路。20 世纪 30 年代，曾有学者主张将陇海铁路扩展至新疆，与苏联之西伯利亚铁路相连，这样一来，连云港对外将成为中国西北联通欧亚大陆的重要枢纽，对内则是连接各省市的重要门户。

新中国成立后，中国政府对交通运输网络的建设十分重视，特别是铁路路网。新中国成立初期，中国就将陇海铁路贯通至兰州，1952 年，时任国家主席的毛泽东同志为陇海铁路天兰段的通车题词"继续修筑兰新铁路"。在这一方针被贯彻执行的同时，中国与苏联也签订了协议，议定将兰新铁路修筑到苏联阿克斗卡，建立一条新的欧亚陆上通道。1958 年，中国乌鲁木齐联通阿拉山口的铁路线在积极筹备下完成了前期勘测和设计并已经在部分路段动工。1961 年，苏联也将其铁路路网修筑到了阿拉山口的北侧，初步实现了欧亚大陆桥的贯通。20 世纪 80 年代，国内有识之士马洪、童大林等重提了修筑北疆铁路，联通苏联，巩固欧亚大陆桥的设想。1985 年，经国务院批准，北疆铁路重新开始修建，这一时期主要修筑乌鲁木齐至乌苏段。1986 年 11 月，经国家计委批准，乌苏至阿拉山口段铁路的修筑被重新提上日程，并展开前期的复工设计准备工作。1990 年 9 月，中国的兰新铁路与苏联的土西铁路顺利完成接轨，接轨地点选在了中苏边境阿拉山口站以及哈萨克斯坦德鲁日巴站，自此，中国陇海——兰新铁路，经中亚，贯通欧洲的铁路线全面建成。这条铁路线的建成标志着中国与苏联、亚洲与欧洲、太平洋与大西洋之间进入了一个新的发展时期。由于在这条铁路之前连接欧亚大陆桥之前，已经存在西伯利亚大陆桥联通欧亚，因此，它被称为"新亚欧大陆桥"，标志着古丝绸之路上的"新丝绸之路"初具雏形。

目前，21世纪新丝绸之路的建设已经得到了世界各重要经济合作组织，如欧盟委员会、联合国亚太经社理事会、联合国贸易和发展委员会、全球基础设施基金会和各大投资银行，如世界银行、亚洲开发银行的支持和响应。2007年11月，"2007欧亚经济论坛"于西安隆重召开，论坛围绕复兴丝绸之路展开讨论，并确定投资192亿美元用于修建"现代丝绸之路"，自此，这一重要事件被提上了日程。2013年9月和10月，中国国家主席习近平在出访中亚和东南亚国家期间，先后提出共建"丝绸之路经济带"和"21世纪海上丝绸之路"倡议。2014年，"一带一路"成为国家三大战略之一。2015年3月，国家发展改革委、外交部、商务部联合发布了《推动共建丝绸之路经济带和21世纪海上丝绸之路的愿景与行动》。

三、"一带一路"建设方案

目前针对"一带一路"的研究还处于起始阶段，并且，对如何建设"一带一路"，学术界存在两种不同的观点，一种观点认为，中国应当与"一带一路"国家建立自由贸易区，推动区域经济一体化建设，促进区域经济繁荣。王习农（2012）率先提出以新疆为向西开放的"桥头堡"，以建立中国—哈萨克斯坦自由贸易区为突破口，切实推进中国—中亚自由贸易区的建设。而卫玲、戴江伟（2014）则从识别"一带一路"内涵的角度入手，指出建设"一带一路"的基本框架是交通干线和自由流动的要素，战略目标是建立区域经济一体化组织。

而另一种观点则认为，应当充分利用亚欧交通走廊，加强交通基础设施建设，降低运输成本，缩短运输时间，提升亚欧大陆桥的运载能力，扩大亚欧国家间互动合作与经贸联系的广度与深度。朱显平和邹向阳（2006）认为新丝绸之路交通走廊已经初步形成，从"交通走廊"向"经济发展带"转型的时机已经成熟。"一带一路"的建立将推进区域经济一体化，实现经济带内贸易和生产要素自由流动，开辟中国和中亚各国合作的新空间。肖昭升（2013）提出以克—塔—阿铁路为支点，向西建设新国际大通道的构想。利用既有的新欧亚大陆桥，建设我国新欧亚国际大通道，使其成为对接哈萨克斯坦，连接中亚、辐射欧洲，衔接国内的综合运输网络。实现我国与中亚，与欧洲国家在经贸领域的全面对接，加深经贸合作关系。王睿、陈德敏（2013）则认为向西开放战略是我国实现全方位对外开放的重要战略举措，而构建互联互通的国际大通道是西部向西开放的支撑条件。应当以第二亚欧大陆桥为主轴，加快推进中吉乌铁路、中巴铁路，以及周边重点城市交通网建设，提升西北大通道的运输范围和国际地位，发挥其经济走廊、贸易通道、能源通道的作用。同时，刘世庆、许英明（2013）也指出，为进一步加快西部向西开放步伐，应推动泛亚地区的交通网络建设，建立西部出境出海运输大通道，为走出过境与泛亚地区进行更广泛的经贸合作创造条件。

四、"一带一路"进入新阶段

在未来，"一带一路"倡议将呈现以下趋势。

第一，从单边推动进入多边互动阶段。在前三年里，"一带一路"倡议的发展动力主要来自中国单边推动，吸引力还不够。随着越来越多的国家和组织的加入或参与，"一带一路"逐渐被国际社会接受，并产生了机制性吸引力。2017年，中国举办"一带一路"国际合作高峰论坛。很多"一带一路"沿线国家领导人汇集中国，共商互联互通、深化合作的大业。这一高峰论坛成为新型全球化和区域经济一体化的重要推手，成为一个重要的国际经济非正式合作机制，成为逆全球化时代的一支重要全球化力量。

第二，从倡议启动向合作落实阶段过渡。"一带一路"是一个高标准的战略性倡议，一分倡议，二分部署，七分落实。在未来，中国将政府、企业和个人三位一体，形成立体式走出去格局。在合作落实阶段，"一带一路"的主要推动手将出现两个变化：一是地方政府将从中央政府手中接过接力棒，成为主要推动者；二是企业和个人将取代政府，成为"一带一路"倡议的主要行为体和实施力量。

第三，从经济合作向人文教育合作的方向拓展。物理联通只是"一带一路"的基石，扩大经贸关系只是"一带一路"的初始阶段，拉近不同国家和地区民众在信息和心理上的距离，以创造新的认同和安全共识，才是"一带一路"的最终目标。为此，"一带一路"倡议将从经济合作不断向人文教育等领域拓展。

第四，从经贸领域向金融领域拓展。"一带一路"概念提出以后，中国人民银行与外国货币当局的货币互换协议呈现加速趋势。在2014—2016年的不到三年时间里，中国人民银行先后与超过20个"一带一路"沿线国家的货币当局签订了货币互换协议。值得一提的是，2015年10月，中国人民银行与英格兰银行续签了规模为3500亿元人民币/350亿英镑的双边本币互换协议。这表明"一带一路"建设的推进，并不必然局限于"一带一路"沿线国家。这些措施加深了国家层面的流动性支持，有利于双边贸易投资的开展，以及帮助中外企业规避汇率风险。

除了货币互换，中国人民银行也和其他国家货币当局签署关于建立人民币清算安排的备忘录。在过去的两年中，中国人民银行先后与"一带一路"沿线的匈牙利（2015年）、阿联酋（2015年）、韩国（2014年）、泰国（2014年）的央行签署了关于建立人民币清算安排的合作备忘录。这些国家人民币清算机制的建立，有助于企业和金融机构使用人民币进行跨境交易，促进贸易投资便利化。

第三节　电子商务的概念、功能与分类

一、电子商务的概念

最近几年，"电子商务"在社会经济生活中高频率出现，成为家喻户晓的新名词。国内、国外都试图对电子商务的概念作出确切的表述，但终究没有形成完全一致的看法。这里，我们介绍世界电子商务会议、联合国国际贸易法委员会（UNCITRAL）和经济合作与发展组织

（OECD）的表述，希望使读者能够对电子商务的概念有更深入的理解。

所谓电子商务（Electronic Commerce，EC），就是利用计算机网络，主要是 Internet 和内联网买卖、交换、配送商品、服务和（或）信息的过程。人们往往将"电子商务"（EC）与"电子业务"（e-Business）相混淆。

狭义的电子商务，也称为电子交易（Electronic Commerce），主要是指通过 Internet 进行的网上交易，以及电子商情、电子合同等；而广义的电子商务，则是指通过 Internet、Intranet、LAN 等一切计算机网络进行的包括电子交易在内的全部商贸活动。从发展的观点看，在考虑电子商务的概念时，仅仅局限于利用 Internet 进行的商业贸易是不全面的，应将利用各类电子信息网络进行的广告、设计、开发、推销、采购、结算等全部贸易活动都纳入电子商务的范畴。所以，美国学者瑞维·卡拉可塔和安德鲁·B.惠斯顿提出：电子商务就是一种能够满足政府、企业、厂商和消费者需求的现代商业方法。实现的具体方法就是改良产品、提高服务质量和降低交易费用。现如今的电子商务实现网络交易所需要的仅仅是少数计算机网络，而在不久的将来，电子商务仅需要无数计算机网络中的任意一个来完成交易任务。

（一）国际组织对电子商务的定义

随着社会的飞速发展，电脑网络逐渐地融入了人们的衣食住行当中，网上购物、外卖点餐、企业交易、广告宣传、平台支付等活动也变得越来越全球化，这些与生活息息相关的商务活动就是美国政府在《全球电子商务纲要》中所说的电子商务，同时联合国经济合作与发展组织（Organization for Economic Cooperation and Development，OECD）对于电子商务也提出了相关的定义和概念：发生在开放网络上的包含企业之间（Business-to-Business，B2B）、企业和消费者之间（Business-to-Consumer，B2C）的商业交易行为被称为电子商务。电子商务的出现给人们带来了极大的便利，在国际组织权威的定义中也可以看到电子商务重要地位。

人们通过电子通信来满足自我需求，如网络交易、网络宣传、产品推广等，这种交易手段随时随地都可以进行，完全不受地理环境、资金、零售渠道等因素的影响，无论是大型企业还是普通的公民，人人都可以自由地参与这种经济活动，而且这种经济活动在农业、林业、渔业、工业和服务业等各个行业均有涉及，其具有的多样性也大大地满足了消费者的需求，这样的经济活动即为电子商务，这一笼统的概念也是权威的国际性组织——全球信息基础设施委员会（Global Information Infrastructure Committee，GIIC）提出的。

中国电子商务协会发布的《中国电子商务发展分析报告》中对电子商务进行了以下定义：电子商务是以电子形式进行的商务活动。它在供应商、消费者、政府机构和其他业务伙伴之间通过电子方式（如电子函件、报文、Internet 技术、电子公告牌、智能卡、电子资金转账、电子数据交换和数据自动采集技术等）实现非结构化或结构化的商务信息的共享，以管理和执行商业、行政和消费活动中的交易。电子商务建立在全社会的"网络就绪"的基础上，利用信息技术实现社会商业模式、管理模式和组织机构的创新与变革，使全社会资源以透明、快捷、互动的方式流动，从而为整个社会生产经营活动带来价值链的改变。

(二)《电子商务发展"十一五"规划》对电子商务的定义

2007 年 6 月，电子商务首次在我国《电子商务发展"十一五"规划》中被定义为一种新型的、网络化经济活动，其中不仅包括互联网、广播电视网和电信等网络在生产、流通和消费方面的活动，还包括互联网在发展中形成的新型交易方式或流通方式。电子商务几乎覆盖了所有类型的经济活动，体现了信息技术网络化在实际应用中具有的共享信息资源和协同社会行为的根本特性，进而实现高效率和高效能的经济活动[1]。

相对于前面所述的各种定义，本定义较宽泛。从宏观角度讲，这

---

[1] 国家发展和改革委员会. 电子商务发展"十一五"规划［R/OL］（2007-06-20）［2012-08-20］.

样的定义有利于整个社会对电子商务的发展给予高度重视，其核心思想是在国民经济各领域和社会生活各层面，全方位推进不同模式、不同层次的电子商务应用。但从实际应用角度看，这种定义很难界定电子商务的应用范围，从而给电子商务的统计、政策制定和法律调整带来较大的难度。

（三）企业组织对电子商务的定义

国际商业机器公司（IBM）的电子商务概念包括三个部分：企业内部网、企业外部网、电子商务。因此，该公司想要向人们传达的是，硬件和软件的结合以及交易的完成并不是在网络环境下商业化应用的全部内容，公司更加注重的方面是如何在 Internet、企业内部网和企业外部网中将买方、卖方、厂商及其合作伙伴结合起来的应用。同时也进一步向人们强调了这三个层次是逐步递进的：首先要建立好企业内部网，完善所有传递信息的基础设施，然后再此基础上才能成功地延伸到企业外部网，最终实现扩展到电子商务的目标。

（四）电子商务内涵

世界商业领袖比尔·盖茨和马云都表示，"21世纪要么电子商务，要么无商可务"，这个时代的传奇正在电子商务的狂潮下全面勾画出来，电子商务通常是指世界范围内广泛的商业贸易活动，在浏览器或服务器应用的基础上，在互联网开放的大环境下，买卖双方不会面地进行各种商业活动，实现消费者的在线购物、商家之间业务在线交易和在线电子支付以及各种交易活动、商务活动、金融活动和相关综合服务活动的新业务模式。

在《中国电子商务蓝皮书》中对电子商务的定义是：通过互联网完成业务交易。交易内容可分为货物和服务交易，交易指商品和货物的易位，交易必须具有资金流、信息流和现代物流的支持。

电子商务的前提条件就是信息化、数据化，信息的采集、加工和处理及信息内容的合理、准确是电子商务发展推广应用的根基。《大数据时代》中提到："人类从依靠自身判断做决定到依靠数据做决定的改变，也是大数据作出的大贡献之一。"

电子商务的核心是人。第一，电子商务是一个社会系统，社会系统的中心必然是人；第二，商业体系实际上围绕商品交易的各个方面代表和网络所形成的所有人的利益的关系网；第三，虽然我们经常强调工具的作用，但是在电子商务活动中，最终起着关键作用的还是人。由于电子商务是现代信息技术与现代企业相结合的，一个国家、一个地区可以培养大量能够掌握电子商务理论和实践运作的复合型人才，成为国家和区域发展电子商务的关键因素。

（五）电子商务的特征

1. 商务性

这是电子商务的本质特性，即提供买卖交易的服务、手段和机会。

2. 服务性

电子商务作为一种交易方式，必须有相应的服务作为支撑。电子商务环境中的大部分交易仍然是传统商品，货物没有变化，但服务模式发生了变化，通过更好的服务来满足客户需求，提高客户满意度，这是电子商务的关键。

3. 方便性

在电子商务环境中，人们购物的方式不再受地域的限制，客户能以非常便捷的方式完成过去纷繁复杂的商业活动（如通过网络银行能够全天候地存取账户资金、查询信息等），同时使企业对客户的服务质量得以大大的提高。在电子商务经营活动中，有大量的人脉资源可开发和沟通，从业时间灵活，在完成公司业务要求的同时，既解决了就业问题，又获取了劳动报酬。

4. 安全性

安全性是电子商务发展和应用的必然要求，同时又是目前制约电子商务可持续发展的重要因素。

5. 可扩展性

企业运用电子商务是一个循序渐进的过程。企业电子商务的解决方案必须随着客户群的变化、企业业务的发展、市场环境和管理环境的变化而进行扩展和调整。

二、电子商务的功能

(一) 广告宣传

电子商务商家可凭借企业的 Web 服务器、网络主页和电子邮件在全球范围内做广告宣传，在 Internet 上宣传企业形象和发布各类商业信息。客户可借助网上的检索工具（Search）迅速地找到所需的商品信息。与以往的各类广告相比，网上的广告成本最低廉，但给顾客的信息量却最丰富。该功能目前被企业广泛应用，许多门户网站收入的很大一部分来自企业的广告宣传费用。

(二) 咨询洽谈

在如今这个高科技时代，电子商务用户可以通过多种方式了解市场情况和商品信息，这些方式根据参与的载体被分为两类：一类是非实时的电子邮件（E-mail）和新闻组（News Group）；另一类是实时的讨论组（Chat）。充分了解之后就可以顺利完成交易事务。如果这些方式都不能满足需求，还有一种网上的白板会议（Whiteboard Conference）方式可供选择，这种方式可以交流即时的图形信息。相对于面对面的直接沟通，网络上的咨询和洽谈更能够让彼此放松，少了许多不大不小的限制，因此被更多的公司采用。

(三) 网上订购

网上订购方式的增加对于电子商务用户来说一定是一个福音，这个新方式就是 Web 中的邮件交互传送，运用这种方式的时候，产品介绍的页面下方会有订购提示信息和订购交互格式框，系统会在客户填完订单后自动回复确认信息，确保人们顺利完成购物，让人们的操作更加安全和便利。但是用户不必担心个人信息会泄露的情况，所有的订单信息都是采用加密的方式在客户和商家之间传送，所以尽管安心的使用。

（四）网上支付

网上购物的最后环节就是网上支付了，这是一个极其重要和极其需要注意安全的步骤，支付方式可以选择信用卡直接支付。这样的方式既便捷又可以省去其他方式过程中的开销，但还是要有更具安全性的机制来保障用户的利益不受损，防止欺骗、窃听、盗用等非法行为的出现。

（五）电子账户

人们要想实现在网上支付就必须得到电子金融的支持，所谓的电子金融就是人们在网上购物时，银行或信用卡公司及保险公司等金融单位要为购买的产品提金融服务。这些金融服务中的一个组成部分就是电子账户。电子账户的标志就包括信用卡号和银行账号，而电子账户的可信度也需要专门的技术来保障，例如数字证书、数字签名、密码加密等手段都是保障安全的不错选择。

（六）服务传递

在网上下单成功之后，店家应尽快根据订购信息配送货物。具体发送地址是电子邮件在网络中进行调配的。软件、电子读物、信息服务等信息产品是最适合在网上直接传递的货物，因为它们是直接从电子仓库到用户端，相对来说发送简单，快捷方便。

（七）意见征询

企业为了更准确地得知用户的需求，在网页上设置了一些表格和选项以供征询用户意见，这就使得企业在网络上的运行形成了一个良性的闭合回路。企业通过用户的反馈不断地自我完善、自我提高，这样自省的方式不仅会让企业提高服务水平，还会让企业的产品更受欢迎，企业发展越来越好。

（八）交易管理

目前，无论是用户和企业之间还是企业与企业之间，甚至还有企业内部之间都存在着交易，并且整个交易的过程中都涉及相关的人员、彼此的财物以及交易的产品等，为了确保整个过程的安全无误，电子商务就会对其进行管理，在安全的管理环境下提供多种多样的服务系统，这样一来，电子商务也会被广泛的熟知，社会中越来越多的方面也都会应用电子商务。

三、电子商务的分类

（一）按电子商务交易对象划分

随着电子商务的发展，已经逐渐地得到了社会上各界人士的认同，进而使得电子商务的应用对象非常广泛，大概被分为四种类型：①企业与消费者；②企业与企业；③企业与政府机构；④消费者与政府机构。

1. 企业与消费者之间的电子商务（Business to Consumer，B2C）

电子商务在如今这个经济快速发展的时代可以被理解为一种人们直接参与经济发展的方式，与过去的电子零售商业性质类似。网上销售的迈进速度紧跟着互联网的发展速度，现在是网络快速普及的时代，网上销售形式的出现使得全国甚至全世界都遍布了各种类型的虚拟商店和虚拟企业。人们可以随心购买如鲜花、书籍、服装、食品、计算机、汽车、电视等实体化商品，也可以购买如新闻、音乐、电影、数据库、软件及各类基于知识等数字化商品，除此之外，在网上人们还可以安排自己的出行，例如选择旅行景点、订购旅店、订票、网上挂号、网上医疗以及网上教学等。人们的生活更加便利，省时、省力、省心，更省钱。

2. 企业与企业之间的电子商务（Business to Business，B2B）

在电子商务应用的各种方式中 B2B 方式是最重要的一个，同时也是最受企业欢迎的，有了它，企业可以在网络中顺利地找到合适的交易伙伴，并且整个从订购到结算的交易过程都可以通过电子商务完成，其中的每一个步骤都可以让企业和交易对方安心的进行，这些步骤大概有以下几个：①交易伙伴向企业订货；②双方进行签约；③交易伙伴接受企业开具的发票并向企业通过售用证或银行托收等方式进行付款；④解决在商贸过程中可能发生的如索赔、商品发送管理和运输跟踪等问题。由于企业与企业之间的交易可能涉及巨大的金额，所以必须要有复杂的硬软件环境做保障。企业与企业之间的电子商务进一步通过增值网络（Value Added Network，VAN）上运行的电子数据交换（EDI）得到了广泛的推广。

3. 企业与政府机构之间的电子商务（Business to Government，B2G）

目前，国家对于地方各级政府的管理也越来越严格，政府的一切事务可以说都在人民的监督下，但这个前提是政府要向人们公开展示才可以实现，那么网络时代的到来，让这一前提更加容易达到。当政府组织间的诸多事务被 B2G 的电子商务活动涵盖之后，使得政府与各种企业之间的业务都在网上进行，例如报批手续、政府的采购清单、企业响应电子化方式的实施情况、政府对企业的征税等。在网络这个透明、开放的环境里，人们可以实现对政府的时时监督，保证腐败现象都扼杀在萌芽中。

4. 消费者与政府机构之间的电子商务（Consumer to Government，C2G）

C2G 的电子商务，是指个人与政府之间开展的电子商务活动。目前，这类电子商务活动尚未真正形成，但其应用前景却十分广阔。其内容涉及人们生活的方方面面，如居民的登记、统计、户籍管理，发放养老金、失业救济金和其他社会福利，征收个人所得税和其他契税等。开展消费者与政府之间的电子商务，一方面可以有效地提高政府部门的办事效率；另一方面可以增加政府工作的透明度，提高公众参政议政的意识，树立良好的政府形象。

（二）按交易过程划分

按交易过程划分，电子商务可以分为交易前电子商务、交易中电子商务和交易后电子商务三类。

1. 交易前电子商务

指在签订合同之前，交易双方和其他需要参与的人员为顺利完成签约做充足准备，具体内容有以下几个方面。

（1）买方确定好自己要购买的商品，之后要对市场情况进行反复细致的调查，了解目前的货源是否充足，这个将直接决定商品定价格的高低，还要了解当前国内外的贸易政策，最后才能根据自己对产品的需求量、种类、规格、价格、购货地点和交易方式等要求制订一个周详的购买计划，并且准备购货款。

（2）卖方在研制成功一个商品之后会进行大力的、全方位的宣传，包括召开商品新闻发布会和发布广告等方式。之后将商品投入市场并实时跟进市场最新动态，做出全面的市场调查和市场分析为制定更高效率的营销策略做准备，宣传的同时会努力寻求好的合作伙伴和交易机会，以此来扩大市场影响，增加销售额。在交易达成的过程中还会有更多的机构参与，为交易做准备服务和提供安全保障。目前这些机构大概有中介方、银行金融机构、信用卡公司、海关系统、商检系统、保险公司、税务系统和运输公司等。

（3）最后交易成功的标志就是买卖双方通过细节商定之后签署一份书面文件或电子文件形式的贸易合同。这一步骤也完全可以在网络中完成，通过现代电子通信设备对贸易合同中的双方交易时的权利、所应承担的义务以及购买商品的种类、数量、价格、交货地点、交货期、交易方式、运输方式、违约、索赔等合同条款进行细致的探讨，最终交易双方以数字签名的形式签约。

2．交易中电子商务

交易中电子商务是指交易双方从签订合同到合同正式生效的过程中需要办理的一些手续，当然不同的交易手续也会有所不同，其中主要的或者说共有的手续大概涉及中介方、银行金融机构、信用卡公司、海关系统、商检系统、保险公司、税务系统和运输公司等。这一过程中与涉及的各个部门之间的手续传送可以通过电子商务系统来完成。

3．交易后电子商务

从交易双方正式办理完那些手续交易就开始进行了，卖方开始做的事情是备货、组货、报关、上保险、取证和发信用证等，完成之后与运输公司进行货物交接，而买方需要做的事情是通过电子商务服务器跟踪货物由发货到传送再到收货的全过程，收货成功并确保无问题的前提下银行和金融机构对货款进行处理，确保最终买方拿到货物、卖方拿到货款，交易顺利完成。

（三）按照使用网络类型分类

根据人们的需求状况使得网络的发展中出现了诸多类型的电子商务，其中主要的类型大概为以下四类：①电子数据交换（Electronic Data Interchange，EDI）商务；②互联网（Internet）商务；③内联网（Intranet）商务；④移动（Mobile）电子商务。国际标准化组织将其中的 EDI 商务定义为"将商务或行政事务按照一个公认的标准，形成结构化的事务处理或文档数据格式，从计算机到计算机的电子传输方法"。简而言之，EDI 的作用就是将商业文件按照商定的协议进行标准化和格式化，实现交易双方通过计算机网络进行数据交换和自动处理。目前在市场中 EDI 应用的主要领域包括企业与企业、企业与批发商、批发商与零售商之间的业务。

互联网商务是当下实现网上营销和网上购物服务的最新形式。它以现有的计算机、通信、多媒体、数据库等技术设备为基础突破了传统商业生产、批发、零售的营销模式及进、销、存、调的流转程序，在企业运营中减少了成本投入，增加了产品效益，真正实现了对社会资源的高效利用，进而实现节约资源并提高经济效益的目标。另外，消费者在其中获益的方面就是不再承受时间、空间、厂商的限制，可以更广泛地收集信息，充分比较，力求以最低的付出获得最高的回报。

Intranet 商务实际上是企业内部自行建立用于开展内部商务活动的网络系统。系统为了避免不明人士的任意闯进还设置了防火墙程序。由于建立 Intranet 商务的投入成本较低，应用之后节省文件往来时间，提高沟通效率，效果喜人，因此 Intranet 商务被多家企业看中，发展迅速。

Internet 商务、EDI 商务和 Intranet 商务之间的关系如图 1-1 所示。

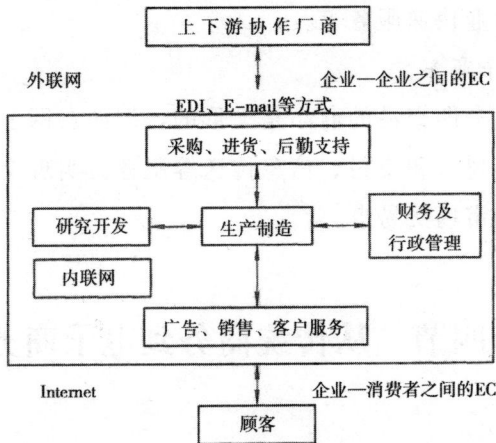

图 1-1 Internet 商务、EDI 商务和 Intranet 商务的关系

随着电子科技的迅速发展，在电子商务方面又出现了一个新的分支——移动电子商务，即利用移动网络的无线连通性实现了例如手机、PDA（Personal Digital Assistant）、车载计算机、便携式计算机等各种非 PC 设备可以在电子商务服务器上检索数据，完成交易。

（四）按照服务行业类型分类

如果单从现实的盈利点出发对电子商务进行分类，大概有以下几种：金融电子商务、旅游电子商务、娱乐（包括游戏）电子商务、房地产电子商务、交通运输电子商务、医药卫生电子商务等。这些电子商务的共同特点就是只提供信息服务，减少了人们在实物运输过程中投入的精力。此外，B2B、B2C、C2C、C2B 等方式都是它们可以选用的，所以更多的便利条件使得它们还具有用户范围广、营运成本低、无时空限制地与用户直接交流等特点。

（五）按电子商务交易所涉及的商品内容划分

按照这一类别要求划分，只能分为两类：间接电子商务和直接电子商务。

1. 间接电子商务

间接电子商务就是像鲜花、书籍、食品、汽车等实体商品依然是需要实物运输的，所以传统运输渠道所需要的外部因素仍然不可缺少，如邮政服务和商业快递服务等。

2. 直接电子商务

直接电子商务即交易的商品是无形的，例如在网上进行全世界规模的联机订购、付款和交付、信息传送等服务。实现交易越过地理界限，开发全球的市场交易潜力。

第四节　从传统商务到电子商务

一、从传统商务到电子商务的发展历程

要全面地了解和认识"电子商务"，首先要明确"商务"的概念。按照一般的理解（即英文 commerce 对应的解释），商务就是商品的买卖或交易活动。进一步推敲，就需要对什么才算是商品、服务是否也是商品、买卖或者交易活动的范围和对象等进行深入地探讨了。

回顾人类发展的历史，我们的祖先很早就开始了商品交易的活动。伴随着人类生产力缓慢的进步，社会出现了剩余产品；当社会化分工开始形成时，最早的"以物易货"的交易模式就产生了。但最初的物与物的交换不是必需的，后来随着分工越来越细，交换逐步变为必需的了，而且越来越复杂。例如，有些家庭只种地，有些只放牧，有些只织布。他们不能靠单一类别的物质来维持生活，所以交换就变得必然和复杂：如种粮的想换牲畜，放牧的想换布匹，而织布的需要粮食，等等。由此就出现了一般等价物的中介物品，即以一般等价物为中介的交易模式。一般等价物发展到高级阶段就产生了货币。但是货币和其他一般等价物又不同，只有当贵金属用来固定充当一般等价物时，才标志着货币的正式产生。货币的出现以及后来纸币替代金属货币形成了以货币为中介的交易模式，交易活动变得更方便和容易，一直延续至今。然而无论是"以货易货"、以一般等价物为中介，还是以货币为中介的交易模式，商品交易的原理都没有发生任何本质的变化，不断延伸和扩大的是其内涵。

由此可以广义地描述商务活动,即商务活动是一种至少由两方参与的有价值的物品或服务的协商交换过程,它包括买卖各方为完成交易所进行的各种活动。

在人类几千年的商务活动发展过程中,人们总是随着环境和社会的演变及时地利用各种新方法、新技术、新工具等手段来使交易活动变得更快捷、更准确、更有效率。例如,帆船的出现为买卖双方的水上交易开辟了新的舞台;印刷术、蒸汽机、电话和传真机等的发明显著地改变了人们的交易方式;20世纪后半叶发展起来的电子化的商务活动,则使人们可以在虚拟的时空中进行商务活动。

从传统商务到电子商务的形成大约经历了以下三个阶段。

(一) 第一阶段

20世纪50年代中期,美国出现了"商业电子化"的概念,即利用电子数据处理设备使簿记工作自动化。1964年,美国IBM公司研制成用磁带存储数据的打印机,第一次在办公室中引入了商业文书处理的概念。1969年,IBM又研制出磁卡打印机进行文字处理。至20世纪70年代中期,工业化国家已经普遍采用文字处理机、复印机、传真机、专用交换机等商业电子化设备,实现了商业单项业务的电子化。

(二) 第二阶段

20世纪70年代,随着微电子技术的发展,特别是个人计算机的出现,商业电子化进入了以微型计算机、文字处理机和局部网络为特征的新阶段,从而诞生了一种新的商务——电子商业系统,它的功能是以计算机、网络通信和数据标准把各商业领域的计算机系统连接成计算机局域网络,实现过程中需要最新的电子报表、电子文档、电子邮件等技术和最高端的商业电子化设备。

(三) 第三阶段

商业电子化在20世纪80年代后期改变了发展方向,由单项业务转向综合业务,从而促进了很多高性能的、多功能的、联机式的电子商业设备的出现，例如电子白板、智能复印机、智能传真机、电子照排轻印刷设备、复合电子文件系统等。伴随着人们对电子通信的进一步研究开发，使得电子通信技术不断提高，被广泛地运用到电子数据交换系统的开发和商业数据的采集、处理当中，这一改变代表着电子商务时代真正地来到我们身边了。

二、电子商务与传统商务的区别

实际上，电子商务就是商业活动中的信息传递方式，利用网络科技手段帮助企业将物流、资金流、信息流等重要信息通过全球信息网（www）、企业内部网（Intranet）或外联网（Extranet）等渠道直接与全球各地的客户、员工、经销商及供应商共享，从而打造属于自己的独特经营优势。电子商务相比过去传统的商务具备更多的特点，具有以下几点：

（一）交易虚拟化

交易虚拟化即指交易双方从细节商讨到签订合同再到收货付款都无须见面，都可以通过计算机网络来完成。所以从线下的面对面到线上的网络模式的改变即虚拟化。对于卖方来说只需要在网络管理机构申请域名、制作网页、上传产品信息。而买方则是通过浏览这些网页了解产品信息，一旦符合需求便通过网上聊天将信息反馈给卖方，买卖双方意愿达成一致之后签订电子合同、进行电子支付，最后完成交易。整个交易过程无须知道对方是谁，完全不受时间、地域的限制，可以随时随地在网络这个虚拟的环境中进行。

（二）交易成本低

电子商务降低交易成本的具体表现有以下几个方面。

（1）时间成本的降低，传统的信件、电话、传真等方式的传递时间与距离是呈正相关的，即距离越大，时间越长。而网络传递则无须考虑距离问题，分分钟实现人们传递任何信息的需求。然后就是信息成本的降低，即减少数据的重复录入。

（2）交易双方选择网络相比过去的面对面会减少很多中介环节。

（3）卖方通过在网络上建立网页的方式对产品进行介绍和宣传，节省了传统模式下的广告费、印刷费以及文件处理费。

（4）交易双方在网络上的即时沟通实现了无库存生产和销售，从而大大降低库存成本。

（5）企业通过互联网网络技术成功地把分布在全球各地的公司总部和代理商联系在一起，然后再运用公司的内部网 Intranet 及时将各地的市场情况信息高效率地传递，这样的效果就是既节省时间，又降低管理成本和运营成本。

（6）实体店铺是过去传统的贸易平台，网上商店则是网络电子商务的贸易平台。

（三）交易效率高

商业报文标准化是网络贸易提高交易效率的关键途径，它可以让计算机自动处理世界各地之间的传递，在最短的时间内完成原料采购、产品生产、产品销售、银行汇兑、保险、货物托运以及材料申报等过程，全程都是智能化的，无须任何人员参与。电子商务取缔了传统贸易下信件、电话和传真等信息传递方式，以此减去了人员参与的那些环节，使得交易时间大大缩短，交易方便快捷，进而也解决了人员配合中出现的延误时间、错过商机的问题。

（四）交易透明化

交易透明化是指整个交易过程中的信息录入都会在网上得到核对和确认，以防信息造假，上当受骗的情况发生。以许可证电子数据交换（EDI）系统为例，通过对发证单位和验证单位的通信核对力度加强，使得假许可证难成漏网之鱼。除此之外，海关 EDI 也让边境的假出口、兜圈子、骗退税等行为变成了遥不可及的白日梦。

三、"十三五"背景下电子商务发展的主要趋势

商务部、中央网络安全和信息化委员会办公室、国家发展和改革

委员会三部门联合发布《电子商务"十三五"发展规划》（以下简称《规划》）。《规划》遵循中央建设网络强国目标和《国民经济和社会发展第十三个五年规划纲要》总体要求，以适应经济发展新常态、壮大电子商务新动能、围绕全面建成小康社会目标创新电子商务民生事业为主线，对于推进我国电子商务领域政策环境创新，指导电子商务健康有序快速发展，引领电子商务全面服务国民经济和社会发展具有重要意义。

《规划》的制定充分考虑了电子商务的发展现状及趋势，提出加快电子商务体制升级、深化电子商务与传统产业的融合发展、建立电子商务要素市场、优化电子商务发展环境、促进电子商务新兴业态发展等重点任务。并将围绕基础设施、新兴业态、要素市场和新秩序建设四方面实施17项专项行动，重点在国际化发展、产业体系打造、跨境电子商务、县域电子商务、电子商务进社区等方面实施行动，大力支持电子商务的产业化发展和创新发展。

《规划》指出，"十三五"时期电子商务产业发展的目标是使电子商务全面融入国民经济各领域（包括农业、工业和服务业的各个领域），发展壮大电子商务及相关服务业，积极推动形成全球协作的国际电子商务大市场，带动我国电子商务产业走向世界，发展全球化的电子商务产业链。

对此，本书认为，"十三五"时期，促进电子商务产业化发展需要从四个方面努力，一是发展电子商务相关服务业、提升电子商务产业的服务能力；二是促进电子商务要素市场的创新发展、鼓励电子商务全产业链上的创新；三是打造跨境电子商务产业链、支持电子商务的全球化发展；四是建设电子商务产业园、促进电子商务经济的快速发展。

第五节 "互联网＋"时代电子商务的发展现状及趋势

一、"互联网＋"时代电子商务的发展现状

(一) 电子商务发展阶段

计算机技术和网络通信技术的发展共同促进了现代电子商务的迅速崛起。这一新兴事物从 20 世纪 90 年代中期开始被人们划分为三个阶段。

1. 高速发展的初始阶段

资本市场的投入对电子商务的爆发式发展起到了推动作用。从 20 世纪末期开始，美国股市在 IT 行业快速发展的推动下连续上涨了 10 年，创造了历史上的经济奇迹。自 20 世纪 90 年代中期以来，美国股市对网络概念股票倍加关注，网上图书销售平台亚马逊的收入从 1996 年的 1580 万美元增加到 1998 年的 4 亿美元。在互联网应用前景利好的情况下，网络概念股价稳中有升。各种资金在财富效应的驱动下开始涌入以网络为核心的 IT 领域，电子商务经历了初步的爆发式发展。

2. 调整蓄势阶段

2000 年初，在疯狂投资者的追捧下，纳斯达克股价接近 5000 点。国家在将近 10 年的迅速发展中让 IT 行业快速成长，但是脚步过快势必也会引起一些问题的出现。一些电子商务企业盲目的追求规模扩大，虽然已经做到了收入高，但支出更高的，还是达不到盈利的效果。另外，物流管理在产品运输上面临的巨大压力也得不到有效的解决，所以，如何能既保证电子商务的快速发展又保证电子商务的经济效益是现如今人们最棘手的一个重要问题。

因此，伴随整个 IT 行业进入发展瓶颈期，电子商务也从 2000 年中期开始进入调整期。在那一时期，人们所有的美好幻想都变成了泡影，人人热追股市泡沫也破灭了，仅仅一年时间，纳斯达克指数竟然

跌破 5000 点，这使全世界为之惊叹。在这样的市场环境下，随着实力者资金的撤出，许多以此为靠山的网站纷纷遭遇困境，甚至清算破产。据粗略统计，大概有三分之一以上的网站从此退出了电商平台，无力回天了。电子商务也过上发展过程中的冬天，不知春天何时到来。

3. 复苏稳步发展阶段

自 2002 年底以来，电子商务发展进入复苏稳步发展阶段。经过严峻考验的最后阶段，生存的电子商务网站经营者开始了解电子商务网站的运作必须要具有务实的特点，才能在企业的经营中找到经济利益点。凭借操作实践，这些经营性的网站在长期亏损的局面中得以扭转出现了盈利的春天。电子商务网站的运作实现突破使人们又看到了希望，毕竟电子商务是新事物的强大活力，短期调整不能改变其上升趋势。经过不断的调整后，从 2002 年底以来电子商务行业开始复苏，不断有电子商务企业公布盈余是其发展的最好标志。

目前电子商务出现了许多新的发展趋势，电子政务服务是电子商务与政府的管理和采购行为相结合的发展模式、移动商务是与个人手机通信相结合模式、网上游戏是与娱乐和消遣相结合发展模式等，这些模式都得到了很好的发展。

（二）电子商务在国际上的发展现状

2008 年，世界范围的电子商务继续快速发展，成为经济全球化的助推器。电子商务的广泛应用降低了企业经营、管理和商务活动的成本，促进了资金、技术、产品、服务和人员在全球范围的流动，推动了经济全球化的发展。

这一时期的电子商务在诸多欧美国家发展的可以说是如火如荼，从各个欧洲国家的电子商务营业就可以看出这一点：法国、德国等国家的电子商务营业额已占商务总额的 1/4；美国甚至高达 1/3 以上，而创造这个成果却仅仅花费了十几年的时间而已。其中在线（AOL）、雅虎、电子港湾等美国电子商务公司的业绩更是让人出乎意料，这些公司从 1995 年前后开始盈利，五年后的利润竟达到 7.8 亿美元；另外，IBM、亚马逊书城、戴尔电脑、沃尔玛超市等电子商务公司也曾创下巨额利润。纵观全局，为何欧美国家的电子商务就可以发展的如此迅速呢？大概就是以下的原因促使的：

（1）在欧美的一些国家，计算机得到了广泛的普及，几乎人人一台电脑，甚至几乎总人口的 2/3 以上都是网民，所以优厚的经济条件促进了更多的网民出现，众多的网民又导致了创新思维的爆发，进而使得电子商务在这里拥有良好的发展环境和便利条件。

（2）在欧美的一些国家，信用卡消费早已成为人们的主流方式，因此也具备非常完善的信用保障体系，使得电子商务的网上支付问题不复存在。

在欧美的一些国家，人人都有一个只属于自己的信用代码，这个信用代码会终身陪伴并且不能被复制。持卡人只要能做到在规定的时间内归还所有借款就可以拥有大额度透支的待遇。如果打破这个规矩，那么即将面临的就是一辈子无论在哪都背着这个污点，也无法实现贷款买房、买车、办公司等，这对于居民会是一个不可估量的致命打击。

（3）近百年，欧美国家的仓储运输体系发展非常迅速，使得物流配送体系非常发达，高效率的服务质量甚至达到当天购物当天送达。

（三）电子商务在中国的发展状况

电子商务应该是在 1997 年出现在中国。要是把美国的电子商务定义为"商务推动型"，那么"技术拉动型"就是对于中国的电子商务最好的定义了。这个差别的来源就是发展模式的不同。在美国的发展中，企业对于技术的需求促进了电子商务技术的发展，最终形成了电子商务的概念，所以也可以这样说，电子商务的实践要早于电子商务的概念出现在美国。由此可见，网络时代来临之前，美国就已先人一步开发电子商务了，进而当这个时代真正来临的时候，美国已经具备了一定程度上的电子商务基础。反而中国的发展是与美国恰恰相反的，电子商务的概念是优先出现的，凭借此概念去进行实践。在中国，企业的发展是需要电子商务技术不断"拉动"的，率先引领电子商务发展的企业是 IBM 等 IT 厂商。这个举措是中国电子商务在那一时期发展的一大特点，了解这点就像拥有了一把钥匙，可以打开一扇门，进入后就可以了解中国电子商务在之后的应用发展。

中国电子商务在 2001 年发生了一个深刻的转变，也就是以企业电子商务为主的第三个阶段正式开启。但是这个转变刚刚发生就引发了人们在发展前景上的误解，因为这个改变使得一些"热点"网站的电子商务出现衰落现象，而早已习惯通过这些"热点"网站了解和判断电子商务形势的人们怎么接受得了这个结果呢？所以一些媒体和专业人士就擅自做主作出了错误的判断，即中国的电子商务将进入低谷时期，甚至会一蹶不振，走向灭亡。人们对于电子商务发展前景的质疑导致负面消息接连不断。

电子商务在 2003—2006 年期间的应用初见成效，所以在这一时期中国的电子商务得到了重大发展。在《电子商务发展"十一五"规划》统计的数据中发现，在这一年之内，全国的企业在网上采购商品的数量约占采购总额的 8.5%、在网上销售商品的营业额占主营业务的2%，这个成果让人们看到了电子商务发展的美好前景，因此，与之相关的政策法律环境、信用环境、数字认证、标准体系、在线支付、现代物流和人才培养支撑环境等因素也得到巨大改善，这一时期发生的一些标志性事件可以堪称为这一历程中的里程碑了。

其中一个标志性事件就是在 2004 年颁布的《中华人民共和国电子签名法》。这一条例的公布使得电子签名在法律上具有有效性和可信性。在电子交易过程中提供了法律保障。

另一标志性事件就是 2005 年出台的《国务院办公厅关于加快电子商务发展的若干意见》，它也大力推动了我国电子商务的发展。条例中提到的一些原则更加助力了电子商务的发展。经过十年的努力，电子商务这一概念已成功在中国得到普及，人们的逐渐接受使得行业平台越来越多。一些重工业、制造业等传统行业也积极参与电子商务，使得电子商务发展的越来越好。

二、"互联网十"时代电子商务的发展趋势

未来商业模式的创新推进和信息技术的提高将直接决定电子商务的发展。

（一）商业模式创新

企业保持蓬勃发展、保持竞争优势的关键途径就是商业模式的创新。许多互联网公司的倒闭就是因为误用商业模式，由此可见发展商业模式对企业发展的意义。

（二）智能化

电子商务中的人工环节应该被智能技术替代了，只有这样才能对网络环境下的大量信息进行快速高效的收集和分析。在此之后，供应商和商业伙伴的选择、生产过程的优化、智能化自适应网站、物流配送、售后服务、客户关系管理等诸多方面都将采用智能技术来完成。而智能技术主要有以下几类：自然语言处理、自动网页翻译、多智能代理技术、智能信息搜索引擎和数据挖掘技术、商业智能、面向电子商务的群体智能决策支持系统、智能工作流管理、知识工程及知识管理等。但是商务智能技术毕竟是人类开发研究的成果，它的发展方向、发展趋势、发展重点还是要由人类来掌控，所以人工智能技术的发展决定了商务智能技术的发展。

（三）新型网络技术

无论我们现在拥有多么先进的技术、多么优秀的技术成果，在发展的路上还有很多未知的、潜在的成果等待我们去挖掘，所以对于信息技术仍然需要不断的探索，但事态的发展也往往不受人们的控制，因此不断推出新的信息技术和网络技术的过程中也势必会推动电子商务的发展。

（1）进一步发展 P2P 技术。

（2）第四代移动通信技术（4G）的推行将大大改善无线网络的带宽不足现象。

（3）网格计算的出现会将不同地点的计算机连接在一起构成一个"虚拟的超级计算机"，其中的每一台计算机都是一个"节点"，所有的"节点"就构成"一张网格"。改变后的计算模式将充分地利用计算资源。

（4）在 IPv6 基础上问世的第二代互联网通信技术得到了广泛的普及。

加快推进电信网、广播电视网和互联网"三网"融合的决议是国务院总理温家宝在 2010 年 1 月 13 日主持召开国务院常务会议上提出的，并且明确规定了"三网"融合的时间表：2010—2012 年广电和电信业务双向进入试点，2013—2015 年全面实现"三网"融合发展。实践显示，"三网"融合有五大好处：第一，信息服务模式的改变，文字、语音、数据、图像、视频等综合模式将取代单一业务模式，例如，消费者通过手机视频观看货物的传输过程并能实时追踪所到地点；第二，减少基础建设的成本和维护成本，新平台促进电子商务更快、更好的发展；第三，实现独立的专业网络转向综合性网络，从而提高网络性能，提高资源利用率；第四，"三网"融合实际上就是在保留原有的语音、数据和视频等业务的前提下，通过网络对其进行整合，从而得到一些新的增值业务类型，例如图文电视、VOIP、视频邮件和网络游戏等，进一步将业务发展的范围扩大；第五，"三网"融合使得各大运营商长期以来对于视频传输的恶性竞争状态将消失在人们的生活中，在此方面的费用也可能"打包"下调。

（四）协同

企业内部之间、企业与企业之间的分工作业随着网络技术的快速发展也进行了调整，进一步促使企业的组织形式、组织文化、管理方式、决策过程等方面都相继发生变化，以致出现了新的组织形式——虚拟企业和动态联盟。协同已经不再是企业愿不愿意的问题，而是必须面对的现实。企业的生产、经营、管理等均需协同技术的支持，包括产品协同设计、协同产品商务（Collaborative Product Commerce，CPC）、工作流协同管理、产品和过程的集成技术、分散网络化制造、面向协同工程的友好的人机界面和通信。协同商务也不再仅仅是一个概念，而是与企业的业务紧密结合在一起。

（五）专门化

类似亚马逊（Amazon. com）这样的综合型电子商务企业的数量将不会明显增加，而大量的利基（Niche）电子商务会不断涌现。所谓利基市场，就是满足具有特殊需求的一类消费群体的市场，它与大批量生产是相对的。例如，一个旅行团是由一群互不相识的个体组成的，他们的兴趣、爱好各不相同，在这种情况下，旅行社能够提供的就只能是满足大家的共性需求，到一些常规的景点去观光，所以人们在报纸上、旅游电子商务网站上看到的都是相似的旅游线路。但利基电子商务可以政变这种模式，即使是非常冷门的旅游线路，都可能以极低的成本和极快的速度在网上将具有特殊兴趣的一群人聚集在一起。

利基电子商务的最大特点就是差异化，做别人还没做的一小块细分市场来填补市场空缺，其差异化依赖的是创新思想。Web 2.0 技术为每个人提供了一个创新的平台，关键是如何利用这个平台。

第二章　电子商务的发展战略管理

战略是一个组织为了参与竞争而制定出的内容广泛的规划与方案，包括组织的目标以及为实现这些目标所实施的计划和政策。在电子商务活动中，拟订发展战略并提出实施战略的各项政策及措施，是组织机构顶层管理部门最重要的活动之一。

第一节　互联网思维与网络强国战略

一、研究电子商务发展战略的原因

从 20 世纪 90 年代后期开始，世界各国都在认真研究和制定电子商务的发展战略。造成这种状况的原因主要有以下三个。

（1）电子商务是当今经济全球化和知识经济的最集中的表现形式，是决定一个国家在网络空间条件下国际竞争能力的重要标志之一，也是带动传统企业升级和实现企业技术跨越的重要推动力。着眼于 21 世纪的发展，各国政府都在积极寻找实现经济持续增长的新途径，把电子商务作为有效实现信息化与工业化融合的理想切入点。

（2）伴随着互联网的大面积普及，电子商务对于一个国家产业结构的调整，刺激经济需求，创造新的就业机会都产生了巨大影响。为了适应经济结构调整和产业结构优化的要求，各国政府都需要认真考虑自己的经济发展战略，重新设计适应信息社会发展的各项政策。

（3）经济全球化已经成为世界经济发展的大趋势，商品、技术、资本、劳务等生产要素在全球范围内的自由流动和配置，把各国经济相互交织在一起。每个国家都面临着直接在国际市场竞争中求得自身的生存与发展的挑战。当前，国际上电子商务仍处于发展初期，抓住这一有利时机，努力实现电子商务技术和应用上的跨越，在国际竞争中占据有利地位，是一项带有战略性和全局性的重大课题。

二、互联网思维与网络强国战略

2016 年是我国互联网接入 22 周年①。截至 2016 年 6 月底，我国网民达 7.10 亿人，手机网民 6.56 亿人，互联网服务涉及即时通信、搜索引擎、网络新闻、网络视频、网上支付、网络购物等近 20 个服务领域。在短短 20 年里，互联网在我国普及速度之快，对经济社会发展影响之深，对人们思想观念冲击之大，是以往任何技术进步与科技革命都无法比拟的。在此过程中形成的许多新的发展理念和思想方法，被人们通称为"互联网思维"。这些互联网的新思维，不仅对于电子商务的战略设计，而且对于整个社会的全面深化改革和发展方式转变都有着现实的启迪和实践意义。

（一）互联网思维

目前，互联网思维尚无明确定义。阿里巴巴董事局主席马云认为，互联网不仅是一种技术和产业，还是一种思想和价值观。360 公司董事长周鸿祎认为，互联网思维就是网聚人的力量，产生新的商业模式，新的体验包括新的经营方式、新的组织架构。小米公司董事长雷军认为，互联网不是技术，而是一种观念和方法论，其要义是"专注、极致、口碑、效率"。有的将互联网思维归纳为用户、简约、极致、迭代、流量、社会化、大数据、平台、跨界九大思维。还有的将互联网思维提升到精神层面，认为是充分利用互联网的精神、价值、技术、方法、规则、机会来指导、处理、创新工作的一种思想。

互联网思维突出表现出以下特点。

（1）创新性思维。创新是互联网最突出的特质。每时每刻，互联

---

① 1994 年 4 月 20 日，中国通过一条 64K 的国际专线，全功能接入国际互联网，从此中国被国际上正式承认为真正拥有全功能 Internet 的国家，中国互联网时代从此开启。

网都在创新，包括技术的创新，例如，从 2G、3G 到 4G、5G；也包括盈利模式的创新，例如，微信网络流量所带来的巨大利润空间；还包括发展理念的创新，例如，通过互联网在农村的推广，使得农村农民与城市居民之间存在的信息不对称局面得到了极大改变，带动了农村经济的快速发展，涌现出大量的亿元淘宝村，从而使我们找到一条缩小城乡差距的新途径。在互联网世界中生存，时时刻刻都需要考虑创新与变革。

（2）全时空思维。互联网技术的应用和普及，使得市场竞争覆盖到全球的各个角落，也使得这种竞争贯穿于每个人的分分秒秒。在互联网市场竞争的环境中，空间没有遗漏，时间没有间隔，行业没有限制，跨界思维成为常态。国家的发展、企业的发展、个人的发展，都需要从这样一个新的无边界限制的竞争环境中加以思考。

（3）开放性思维。互联网之所以成为世界上最好、最有效率的信息汇聚和分享的平台，是因为互联网的开放性。这种开放性，突出表现在"我思献人人、人人助我思"上，使得各种新的创意和想法得以分享。"上传"和"下载"、"共享"和"免费"成为这个时代每一个网民日常生活的一部分。

（4）互动性思维。互联网将人与人、人与物、物与物紧密地联系在一起，参与者可以以多种形式（一对一、一对多、多对多）同步或异步参与沟通。网上不同观点和意见的交流、交锋和交融，既改变了传统的静态单一的交流模式，也改变了民众参与的方式和频率。互动还消除了领导者和被领导者、销售者和购买者、传播者和接收者等之间的鸿沟，增强了彼此的理解和信任。

（二）网络强国战略

当今世界，网络信息技术日新月异，全面融入社会生产生活，深刻改变着全球经济格局、利益格局和安全格局。世界主要国家都把互联网作为经济发展、技术创新的重点，把互联网作为谋求竞争新优势的战略方向。互联网的应用不可逆转，已成为人类社会发展的大方向和大趋势。网络信息技术是全球研发投入最集中、创新最活跃、应用最广泛、辐射带动作用最大的技术创新领域，是全球技术创新的竞争高地。网络经济空间已经成为世界经济的新引擎，各国都在加强信息基础设施建设，推动互联网和实体经济深度融合，拓展经济发展新空间。我国也已将网络强国战略提升到综合施策的新高度，强调建设网络强国的战略部署要与"两个一百年"奋斗目标同步推进。

网络强国战略具有四个主要目标：

（1）网络基础设施基本普及。互联网网络是国家战略性的公共基础设施。近年来，经济社会发展对宽带支撑能力的要求在不断提高，广大网民对网络性能的期望也越来越高，必须继续深入贯彻落实"宽带中国"战略，加快光纤宽带和4G发展步伐，抓好网络提速降费工作，优化网络发展环境，以竞争促发展，切实提高人民群众的获得感。

（2）自主创新能力显著增强。网络竞争力的关键是核心技术的突破。"互联网核心技术是我们最大的'命门'，核心技术受制于人是我们最大的隐患。"核心技术包括以下三个方面，一是基础技术、通用技术；二是非对称技术、"杀手锏"技术；三是前沿技术、颠覆性技术。在这些领域，需要超前部署、集中攻关，实现从跟跑到并跑、领跑的转变，争取在某些领域、某些方面实现"弯道超车"。

（3）信息经济全面发展。中国互联网发展的目标就是要让互联网发展成果惠及13亿多中国人民，更好地造福各国人民。当前，世界经济加速向以网络信息技术产业为重要内容的经济活动转变。互联网在经济领域的应用，形成了以网络交易为代表，包括即时通信、搜索引擎、网络游戏、网络广告、交易安全等多种形式的电子商务模式。2015年由此产生的经济活动的总和在世界达到46.5万亿美元；在我国达到20.8万亿元人民币，上升势头极为迅猛。这是一次新的经济发展战略机遇。紧紧抓住这一难得的战略机遇，中华民族就有可能在世界范围的竞争中赢得主动权。

（4）网络安全保障有力。随着我国互联网持续高速发展，网络及其设备智能化、规模化、多样化特点越发明显。但也伴生了网络空间复杂、网络环境多变、网络风险增高等安全方面的挑战，成为影响经济社会健康发展的重要因素。因此，商务活动和日常生活中都要维护网络空间安全以及网络数据的完整性、安全性、可靠性，强化网络数据和用户个人信息保护，增强网络信息安全保障能力。

（三）电子商务发展战略是网络强国战略的重要组成部分

《国家信息化发展战略纲要》提出，建设网络强国具体分三步走：第一步到 2020 年，信息消费总额达到 6 万亿元，电子商务交易规模达到 38 万亿元，核心关键技术部分领域达到国际先进水平，信息产业国际竞争力大幅提升，信息化成为驱动现代化建设的先导力量；第二步到 2025 年，信息消费总额达到 12 万亿元，电子商务交易规模达到 67 万亿元，建成国际领先的移动通信网络，从根本改变核心关键技术受制于人的局面，实现技术先进、产业发达、应用领先、网络安全坚不可摧的战略目标，涌现一批具有强大国际竞争力的大型跨国网信企业；第三步到 21 世纪中叶，信息化全面支撑富强民主文明和谐的社会主义现代化国家建设，网络强国地位日益巩固，在引领全球信息化发展方面有更大作为。

从网络强国的三步设计中，我们可以看到电子商务的重要地位。电子商务交易额将从 2017 年全国电子商务交易额达 29.16 万亿元，同比增长 11.7%。从电子商务发展战略提出的具体任务可以进一步看到其与网络强国战略的密切联系。

（1）提高电子商务的技术支撑能力。良好的信息基础设施是信息经济发展的基石。电子商务交易的发展，需要构建先进的技术体系，打造国际先进、安全可控的核心技术体系，需要推广移动互联网、云计算、大数据、物联网等最先进网络技术。这方面的要求与网络强国战略的第一个目标完全一致。

（2）着重提高电子商务创新发展能力。电子商务发展战略与网络强国战略都对创新有较高的要求。不同的是，电子商务侧重于应用、服务和集成的创新，而网络强国战略更强调网络信息技术创新，打造国际先进、安全可控的核心技术体系，带动集成电路、基础软件、核心元器件等薄弱环节实现根本性突破。二者的创新是不矛盾的。新的技术体系的形成，为服务的创新提供了更广阔的发展空间。

（3）促进电子商务在各个行业中的应用。我国经济发展进入新常态，新常态要有新动力，网络强国战略将成为中国经济转型升级的重要驱动力。电子商务与各个行业有着密切联系，是全面落实网络强国战略最有力的突破点。利用发展电子商务，通过加大引导和支持力度，将促进"互联网＋"行动计划的全面落地。

（4）维护电子商务交易安全。随着互联网新业务、新应用的快速发展，网络安全问题已经成为事关国家安全和国家发展、事关广大人民群众工作生活的重大战略问题。电子商务与国家经济安全、人民群众的衣食住行密切关联，是网络空间安全的重要组成部分，必须建立强有力的安全保障机制，加大对网络商业欺诈、销售假冒伪劣商品、发布虚假违法广告和不正当竞争等活动的打击力度。

第二节　电子商务的发展环境

电子商务的发展受到许多环境因素的制约。电子商务的发展战略必须建立在科学分析发展环境的基础上。这种分析包括社会政治环境分析、资源环境分析、市场环境分析、安全环境分析等。

一、社会政治环境：电子商务受到各国政府的高度重视

（一）国外情况

1997 年 7 月，美国政府发表了"全球电子商务框架"（A Framework for Global Electronic Commerce），将互联网及其对商务活动的影响和 200 年前的工业革命相提并论，表明了美国政府对电子商务建设的重视程度。2009 年，面对国际金融危机，美国政府出台了《美国复苏及再投资法令》（American Recovery and Reinvestment Act of 2009），提出要在宽带普及率和互联网接入方面重返世界领先地位。2010 年，美国发布了为期 10 年的《国家宽带计划》（National

Broadband Plan），提出用宽带网络确保美国在信息技术应用领域中的世界领先地位。2011 年 5 月，美国发布《网络空间国际战略》（*International Strategy for Cyberspace*），试图构建涵盖基础设施保障、经贸往来、政治与外交等诸多领域的复合网络安全战略。

2010 年 5 月，欧盟公布了《互联网 10 年发展规划》。按照该规划，欧盟将建立一个"数字单一市场"，方便欧盟民众从网上下载音乐、购物，加快电子商务发展。至 2015 年，实现网络购物者比例达到总人口半数；20％的人通过网络跨国购物；33％的中小企业开展电子商务。

2009 年 7 月，日本政府制定了适应新的发展形势需要的"i-Japan 战略 2015"①。该计划要求法务省修改妨碍电子商务开展的法规；经济产业省等相关部门培养电子商务人才，构建中小企业 IT 化环境，制定支援政策，推进各个领域的电子商务。日本 2013 年 6 月又出台了《网络安全战略》，明确提出"网络安全立国"，并希望通过该战略开拓支持日本中长期经济发展的新产业。

（二）国内情况

2012 年 3 月，工业和信息化部发布《电子商务"十二五"发展规划》，提出了"十二五"期间电子商务发展的 9 项重点任务，包括：提高大型企业电子商务水平、推动中小企业普及电子商务、促进重点行业电子商务发展、推动网络零售规模化发展、提高政府采购电子商务水平、促进跨境电子商务协同发展、持续推进移动电子商务发展、促进电子商务支撑体系协调发展、提高电子商务的安全保障和技术支撑能力。2015 年 3 月，在第十二届全国人民代表大会第三次会议上，国务院总理李克强在 2015 年《政府工作报告》中 3 次提到"电子商务"，强调继续推动电子商务发展：一是推动外贸转型升级，扩大跨境电子商务综合试点；二是制订"互联网＋"行动计划，推动移动互联网、云计算、大数据、物联网等与现代制造业相结合，促进电子商务健康

---

① 这里的"i"包含"Inclusion"和"Innovation"两层意思。

发展，引导互联网企业拓展国际市场。

2015 年 5 月，国务院发布《关于大力发展电子商务加快培育经济新动力的意见》，该意见直接针对电子商务发展所面临的管理方式不适应、诚信体制不健全、市场秩序不规范等问题而出台，将在减少束缚电子商务发展机制体制的障碍，进一步发挥电子商务在培育经济新动力，打造"双引擎"、实现"双目标"等方面发挥重要作用。

2015 年 6 月，国务院办公厅出台《关于促进跨境电子商务健康快速发展的指导意见》，针对制约跨境电子商务发展的问题，提出了具体的支持措施，包括：优化海关监管措施、完善检验检疫监管政策措施、明确规范进出口税收政策、完善电子商务支付结算管理、提供财政金融支持等。

2015 年 7 月，国务院发布《关于积极推进"互联网＋"行动的指导意见》，其中 28 次提到"电子商务"，该意见中首先提出了电子商务、互联网金融的快速发展，对经济提质增效的促进作用更加凸显；又将"'互联网＋'电子商务"列为重点行动之一，并进一步指出，要使电子商务与其他产业的融合不断深化，网络化生产、流通、消费更加普及，标准规范、公共服务等支撑环境基本完善，要积极发展农村电子商务、大力发展行业电子商务、推动电子商务应用创新、加强电子商务国际合作，进一步扩大电子商务发展空间。

二、资源环境：经济发展促进信息基础设施建设和信息技术应用

在全球经济复苏乏力的大环境下，各国普遍加强了信息基础的建设。据国际电信联盟（ITU）的统计，截至 2015 年底，世界固定电话用户为 10.49 亿户，移动电话用户为 72.16 亿户，移动宽带用户为 32.32

亿户，固定宽带用户为 8.20 亿户①。

在我国，2015 年全国光缆线路总长度达到 2487.3 万 km，同比增长 21.6%；固定互联网宽带接入用户总数达到 2.13 亿户。其中，光纤接入（FTTH/0）总数达 1.2 亿户，占宽带用户总数的 56.1%，8M 以上、20M 以上宽带用户总数占宽带用户总数的比重分别达 69.9%、33.4%②。截至 2016 年 6 月，我国国际出口带宽达到 6220764 Mb/s；IPv4 地址数量为 3.38 亿个，拥有 IPv6 地址 20781 块/32；域名总数为 3698 万个，网站总数为 454 万个，其中".cn"下的网站数为 212 万个③。

2016 年，云计算、大数据、移动互联网、物联网等新技术将在电子商务产业中发挥越来越重要的作用。

云计算为更大交易量的网络购物节和日常网络交易提供稳定的技术支撑；阿里巴巴旗下云计算业务营业收入，超越亚马逊和微软的云计算业务增速，成为全球增速最快的云计算服务商。在"双 11"购物节中，当天支付峰值超过每秒 8.59 万笔，高于 PayPal 处理峰值，刷新了历史纪录。

大数据的应用，为系统分析用户消费行为、提升电子商务网站精准营销的水平提供了有力的保证。京东京准通一体化营销生态全面升级，让营销变得更简单。"御膳房梦工厂"通过深度自定义数据加工，开发出进口奶业务需要的奶源地、脂肪含量等标签，为蒙牛提供专业的产品数据系列化支撑服务。360 大数据平台"商易"与 360 营销平台"点睛"相辅相成，将大数据与用户生命周期进行完美的有机结合，构建了一个从广告展现到产品购买的完整的广告营销生态链。

---

① ITU. ITU _ Key _ 2015-2016 _ ICT _ data [EB/OL]（2016-09-15）[2016-10-20].
http://www.itu.int/en/ITU-D/Statistics/Pages/stat/default.aspx.

② 工业和信息化部. 2015 年通信运营业统计公报 [EB/OL]（2016-01-21）[2016-09-20]. http://www.miit.gov.cn/n1146290/n1146402/n114645 5/c461124 3/content.html.

③ 中国互联网络信息中心，第 37 次中国互联网络发展状况统计报告（R/OL）[2016-08-03] [2016-09-23]. http://www.cnnic.net.cn/hlwfzyj/hlw xzbg/.

移动互联的趋势越来越明显。各类电子商务企业都将目标瞄准这一极具发展潜力的新市场，各类 APP 应用如雨后春笋般地出现。2015 年我国移动网购市场交易额突破 2 万亿元，全年移动端交易额渗透率高达 50％。京东与腾讯合作引入社交流量，极大地拓展了移动购物的应用范围。

物联网技术的成熟应用，将电子商务的配送水平提高到一个新的高度。在智能电网、智能交通、智能家居、环境与安全检测、医疗健康、精细农牧业等方面也都开始了物联网应用的尝试。

三、市场环境：电子商务的社会需求不断增长

（一）经济结构的转型要求电子商务发挥更大的作用

2015 年，世界经济仍然复苏乏力，结构性矛盾突出。为应对经济危机带来的挑战和困难，世界各国都在调整结构，提升经济竞争力。与以往相比，这一轮世界产业结构调整更加注重应用信息技术，更加注意提高电子商务对国际市场的开拓能力。

每一次经济危机，都会推动新的科技革命，催生新兴产业。第三次产业革命，突出表现在互联网络技术应用的突破，表现在节省能源、无污染的电子商务服务业高速度、长周期的增长。

从国际经济环境看，国际经济危机带来的全球产业大调整、大重组，不仅制造业转移的趋势没有改变，同时出现了软件、服务外包等行业加快转移的新趋势。从国内经济环境看，国务院发布《关于积极推进"互联网＋"行动的指导意见》《关于大力发展电子商务加快培育经济新动力的意见》都为更大范围内整合资源、应用电子商务提供了广阔的空间。

工业电子商务试点、农业电子商务试点、跨境电子商务试点的积极努力推动，优化了电子商务的发展资源，提升了龙头企业的核心竞争力，增强了中小企业的生存和发展能力，并催生了一批新型的电子商务企业发展模式。

（二）虚拟市场的激烈竞争要求加速电子商务的发展

从技术本身的特性来说，互联网是无国界的。以互联网为技术基础的电子商务大大加剧了国际竞争的强度。速度、产品和服务质量成为企业生存的关键。一个公司虚拟市场（网络市场）上的产品和服务若被其他公司性能更好的产品和服务所取代，则它立即面临"死亡"的威胁。在"虚拟经济"下，企业间的并购、重组异常激烈。企业间的竞争方式，不仅是打价格战，更重要的是打创新战、速度战、质量战、服务战。

19 世纪，资本主义列强瓜分了世界实体市场；21 世纪，虚拟市场的出现使世界经济的格局面临着又一次的洗牌。每个国家都面临着直接在国际虚拟市场竞争中求得自身生存与发展的挑战。今天，我国已经具备了参与虚拟市场重新洗牌的能力。把握时机，努力实现电子商务技术和应用上的跨越，加速电子商务的推广普及，在国际虚拟市场竞争中占据有利地位，是一项带有战略性和全局性的重大课题。

（三）现代消费者需要电子商务提供更丰富的网络消费

对于现代消费者来说，其消费取向正在迅速向虚拟市场转移。2016 年 6 月，我国网络音乐、网络视频、网上支付、网络购物等方面的网络使用率都超过 50％；网络游戏、网络文学、微博、社交网站等方面的网络使用率也超过 40％，人们在团购、旅游预定、教育、医疗、文化、求职等诸多方面的消费需求也日益迫切。电子商务只有更快、更全面地发展才能够满足这些方面的需求。在满足了这些需求的同时，也将催生一大批网络时代的新兴产业。

四、安全环境：安全条件有了较大改善

（一）网络安全建设和顶层设计得到加强

进入 21 世纪第二个十年，各国纷纷大力加强网络安全建设和顶层设计。截至 2014 年上半年，已有 40 多个国家颁布了网络空间国家安全战略。2014 年 2 月，美国宣布启动《网络安全框架》。2011 年德国发布了《德国网络安全战略》，其目标是大力推动安全网络空间建设，并通过专门设立国家网络防御中心、国家网络安全委员会，为全面实施网络空间安全战略提供执行保障体系。2013 年 6 月，日本出台了《网络安全战略》，明确提出"网络安全立国"。2013 年 5 月，印度出台了《国家网络安全策略》，目标是建立"安全可信的计算机环境"。

2016 年 11 月 7 日，全国人大常委会通过了《网络安全法》①。该法明确了网络空间主权的原则；明确了网络产品和服务提供者的安全义务；明确了网络运营者的安全义务；进一步完善了个人信息保护规则；建立了关键信息基础设施安全保护制度；确立了关键信息基础设施重要数据跨境传输的规则。有《网络安全法》保驾护航，我国网络安全领域必将迎来更加光明的未来。

（二）安全技术和安全产品发展迅速

经过数十年的探索，电子商务安全技术从最初的商务信息保密性发展到商务信息的完整性、可用性、可控性和不可否认性，进而又发展为"攻（攻击）、防（防范）、测（检测）、控（控制）、管（管理）、评（评估）"等多方面的基础理论和实施技术。目前，电子商务安全领域已经形成了 9 大核心技术，它们是：密码技术、身份验证技术、访问控制技术、防火墙技术、安全内核技术、网络反病毒技术、信息泄露防治技术、网络安全漏洞扫描技术和入侵检测技术。相应的信息安全产品主要包括基础类产品（如安全芯片、安全操作系统等）、网络与边界安全类产品（如下一代防火墙、大规模入侵检测与防御包检测系统、密码网关等）、终端与数字内容安全类产品（如病毒木马识别引擎、反钓鱼反欺诈反恶意网址系统、数据加密和数据恢复产品等）、安全管理类产品（包括安全监控与审计类产品，网络安全事件管理系统等）、信息安全支撑工具（包括信息系统风险评估工具等）。

---

① 新华社. 十二届全国人大常委会第二十四次会议在京闭幕，表决通过网络安全法等 [EB/OL]. （2016-11-07）[2016-11-20]. http：//www.cac.gov.cn/2016-11/07/c_11198643 19.htm.

（三）网络和信息安全保障体系正在建立

21世纪前，我国的工作重点侧重于信息系统安全保护工作，1994年2月国务院发布了《中华人民共和国计算机信息系统安全保护条例》，以国家法律的形式规定"重点保护国家事务、国家经济建设、国防建设、国家尖端科学技术等重要领域的信息系统的安全"。之后，先后有国家标准《计算机信息系统安全保护等级划分准则》（GB 17859—1999）、《信息系统安全等级保护基本要求》（GB/T 22239—2008）颁布，但对于网络和信息安全的法律法规一直是空白。2016年6月，全国人大常委会公布了《中华人民共和国网络安全法（草案二次审议稿)》。该法案明确了网络安全支持与促进政策，对网络运行安全做出了一般规定，对关键信息基础设施的运行安全和网络信息安全做出了规制，并完善了监测预警与应急处置办法。该法案的最终通过将使网络和信息安全保障体系真正完善起来。

五、我国电子商务发展中需要解决的新问题

作为一个新生事物，电子商务在其发展过程中不可避免地出现一些新的问题。这些问题突出表现在以下六个方面。

（1）电子商务市场秩序的规范问题。我国电子商务服务业还处在成长期，平台企业盈利模式较为单一，线上产品同质化现象严重，价格战异常激烈，网络营销成本急剧上升；假冒伪劣、侵犯知识产权、恶意欺诈、虚假促销、售后服务差、用户信息盗用滥用等问题日益凸显；电子商务还缺乏必要的行业自律机制，恶性竞争时有出现，大型电子商务平台有垄断发展的倾向，行业领先者滥用市场支配地位，损害其他竞争对手、产业链上下游和消费者利益的现象时有发生。

（2）企业电子商务应用水平和普及程度的问题。调查显示，我国大型工业企业基本处于协同商务阶段，少部分企业开始进入精准营销、商务智能应用阶段，只有个别企业进入制定智慧商务规划阶段；传统大中型商业企业仍然处于转型发展的起步过程中。中小微企业电子商务普及率整体不高，部分中小微企业受到世界经济疲软的影响，盈利

能力下降，导致 IT 投资增长率下降；电子商务服务商在 B2B 领域仍停留在信息服务的阶段，对国外市场的开发规模也较小。

（3）电子商务企业的优惠政策问题。我国对于高新技术企业、软件企业、技术先进型服务企业规定了相应的要求，并给予资金和税收方面的优惠政策。但对于电子商务企业一直没有具体明确的规定，特别是忽视"服务"领域的创新，更没有注意到商贸企业开展的网上交易。为推动经济增长方式的转变，应当调整高新技术企业、软件企业、技术先进型服务企业的认定标准，对于符合规定的电子商务企业和开展网上交易的企业给予优惠政策。商务部正在起草电子商务企业认定标准，希望能够解决这方面的问题。

（4）跨境电子商务发展的实际问题需要逐步解决。从全国情况看，跨境电子支付对企业跨境电子商务方式的选择没有大的影响；而产生主要影响的是企业自身在跨境交易流程中的网络营销、电子通关以及国际电子商务物流三个环节的运用程度。网络营销活动中对国外情况了解不全面，特别是中小企业问题更多；电商出口产品主要集中在科技含量较低的产品上，缺乏具有核心竞争力的产品；各类规模企业对快速通关、精简成本、便利征税退税有不同的需求；在国际市场上，销售假冒伪劣产品、恶意欺诈以及违法犯罪等问题相对于国内电子商务更难追责，有关市场监管、信用体系建设以及法律法规体系构建等亟待推进。

（5）大宗产品网上交易与大宗商品期货交易的混淆问题。大宗商品电子交易作为一种新型的现货交易模式，发展速度非常快。目前，国内各类大宗商品电子交易市场已达到 200 多家，交易品种涉及钢铁、化工、有色金属以及农产品。由于监管、自身建设等环节存在一些问题，近年来发生了多起性质严重的交易风波。同时，由于其采用的交易机制与期货交易存在诸多相同之处，使得大宗商品电子交易被视为"变相期货"或"准期货"，没有充分发挥其联系现货、服务现货的特点，交易优势没有充分发挥。

（6）电子商务人才培养方式有待继续探索。2013 年，电子商务专业教学改革进入深水区，培育目标、教育制度、教育方法与人才培养需求矛盾突出。一方面，随着电子商务行业的快速扩张，电子商务领域人才缺口持续扩大，对人才的素质也提出了综合性的要求；另一方面，电子商务专业的本科生很大一部分还不具备电子商务所需要的高素质的要求，且又不愿到民营性质的电子商务企业中工作，招生和毕业分配都遇到严重困难。

第三节 政府电子商务发展战略

一、国际组织和各国政府电子商务发展战略

（一）经济合作与发展组织（OECD）的《全球电子商务行动计划》

1998 年 10 月，OECD（Organization for Economic Co-operation and Development）成员国部长、非 OECD 会议发布了《全球电子商务行动计划》；1999 年 10 月又发布了该计划的第二版。该计划提出了发展全球电子商务的十项基本原则。

（1）电子商务的发展应当以私营部门为主导，发挥市场的力量。

（2）发展电子商务应通过开放和平等的市场竞争来推动。

（3）如果需要政府干预，政府应当推动一个稳定的、超越国家的法律环境，允许平等的资源分配并保护公共利益。这样的介入应当仅仅是基本的、清晰的、透明的、客观的、不歧视的、均衡的、灵活的和技术中立的。

（4）应当促进私营部门投入与参与机制的政策制定，并在所有国家和国际领域广泛推广。

（5）电子商务具有全球性。影响电子商务的政府政策在国际间应当是协调和兼容的，应当有助于沟通，并在国际、自愿的、共识的环境下设计标准。

（6）相比应用非电子手段进行的交易，应用电子商务进行的交易

应当使用中立的课税手段。电子商务的税收应当与已经建立的、国际间可接受的习惯和减少繁琐手续的做法相一致。

（7）必要时，基础电信设备的规范应当能够使参与者在一个开放和平等的市场中进行全球性的竞争。

（8）消费者保护，特别是对于隐私、机密、匿名和内容控制应当能够追溯，通过政策允许的选择、个人授权、行业引导等方法来实现，并使之与适用法律相一致。

（9）电子商务应当使消费者或电子商务应用者，运用实践选择的手段实现隐私、机密、内容的控制和在适当环境下的匿名的保护。

（10）全球信息设施——全球信息社会（Gn-GIS）中高水平的信用机制应当继续推进，通过买卖双方协调一致、教育、未来技术创新，采用适当的争端解决机制和私人部门自我规范，加强安全性和可靠性。

（二）美国的《全球电子商务框架》

1997年7月，美国发布了《全球电子商务框架》，该文件提出了五项基本原则，以指导对发展电子商务的支持。

（1）私营企业应起主导作用。互联网应当发展成为一个受市场驱动的竞争市场，而不是一个受到限制的产业。私营企业必须在其中继续发挥主导作用。

（2）政府应当避免对电子商务做不恰当的限制。政府应当尽量减少对互联网上发生的商业活动的参与和干涉，不要增加新的、不必要的限制，增加繁琐的手续或增加新的税收和资费。

（3）在需要政府参与的情况下，其目标也应当是支持和加强建设一个可预见的、宽松的、一致的和简单的商业法制环境。

（4）互联网的成功可部分地归于它的分散性和自下而上的管理模式。政府应根据 Internet 这种独特的结构相应地调整自己的政策。

（5）应当在国际范围内促进互联网上的电子商务。虽然各国法律制度各不相同，但应当始终遵循与买卖双方所在国度无关的原则。

（三）加拿大的《加速向前：提升加拿大在数字经济中领导优势》

加拿大政府 2000 年 1 月发布了名为《加速向前：提升加拿大在数字经济中领导优势》 （*Fast Forward：Accelerating Canada Leadership in the Internet Economic*）的电子商务发展政策白皮书，提出了发展电子商务的战略目标与相关的推动政策。

（1）在国内和国际电子商务中建立加拿大品牌，通过树立意识和信心，提升国际形象，在世界互联网经济中提高加拿大的竞争能力。

（2）通过提供奖励和疏通商业领袖在电子商务行业的投资渠道，加速加拿大现有产业的转型。

（3）通过支持加拿大出现的网络群体培育电子商务的业务创新和增长，保证风险资金在业务发展的各个阶段都可以使用，通过改进企业家的奖励制度在加拿大发展电子商务。

（4）在加拿大发展电子商务人才库，调整股票期权政策以吸引和稳定雇员，加快技术培训和再培训以适应网络经济对人才的迫切需求。

（5）通过设定领导责任和发展的目标，促使所有的加拿大政府部门将电子政务放在优先发展的位置上。

（6）通过培育具有加拿大品牌的、国际认可的消费者保护标志和争议解决法庭，建立加拿大国际互联网发展政策的领导能力。

（四）国外电子商务发展战略的启示

对国际组织和部分国家电子商务发展战略的研究，我们可以得到以下启示：

（1）发挥市场在资源配置中的作用。

（2）电子商务的快速发展需要政府的推动与协调。

（3）必须重视电子商务发展环境的建设，包括安全环境、标准环境、法律环境等，培育适合电子商务生长的土壤。

（4）鼓励企业积极参与，促使电子商务实现滚动式发展。

（5）重视电子商务人才的培养和建设。

二、我国电子商务的发展战略

（一）我国电子商务发展的指导思想

围绕统筹推进"五位一体"① 总体布局和协调推进"四个全面"②
战略布局，牢牢把握我国有望引领全球电子商务发展的历史性机遇，
按照党中央、国务院战略决策和部署，坚持创新、协调、绿色、开放、
共享发展理念，以适应经济发展新常态壮大电子商务新动能、围绕全
面建成小康社会目标创新电子商务民生事业为主线，加快全面深化改
革，持续推进政策环境创新和信息基础建设步伐，充分释放电子商务
创新创业活力，提升电子商务竞争水平和服务品质，促进电子商务与
农林业、工业和服务业深度融合，及时发展电子商务要素市场，积极
推动电子商务国际合作，建设统一开放、竞争有序、诚信守法、安全
可靠的电子商务市场，引导电子商务全面服务国民经济和社会发展。

（二）我国电子商务发展的基本原则

（1）发展和规范并举。坚持以新理念引领发展，激发电子商务市
场活力，不断拓宽电子商务创新发展领域，积极营造宽松的电子商务
创业环境，大力发展电子商务产业。坚持通过创新监管方式规范发展，
加快建立开放、公平、诚信的电子商务市场秩序。

（2）竞争和协调并行。坚持推动市场公平竞争，防范和制止垄断
行为及恶性竞争行为，最大限度地减少对电子商务市场竞争的行政干
预。坚持协调发展，促进电子商务与传统产业、线上与线下、城市与
农村之间优势互补、一体化发展。

（3）开放和安全并重。坚持开放发展，鼓励电子商务企业积极参

---

① "五位一体"指经济建设、政治建设、文化建设、社会建设、生态文明建设的一
体化，着眼于全面建成小康社会、实现社会主义现代化和中华民族伟大复兴。这
是党的十八大报告对推进中国特色社会主义事业作出的总体布局。
② "四个全面"是党和国家各项工作的关键环节、重点领域和主攻方向，指全面建
成小康社会、全面深化改革、全面依法治国、全面从严治党。

与国际市场竞争，加强对外交流、合作，形成物流便捷、标准互认、产能互补、市场共享的国际电子商务发展局面。坚持安全发展，建立健全电子商务交易保障机制，落实网络安全审查、风险评估等网络安全制度，妥善处理数据开放和信息共享风险，维护国家经济安全、社会安全和网络空间主权。

（4）政府引导与企业运作有机结合。发展电子商务涉及各行业各领域，是一项宏大的系统工程，有时非技术因素比技术因素还重要，只有把方方面面的力量调动起来，才能从整体上推动电子商务的发展。这需要政府的鼓励、引导和协调。政府应从制定政策法规，从网络基础设施建设、与电子商务相关的技术发展和技术标准、税收、市场准入等方面着手，为电子商务创造良好的宽松的经营环境，引导企业和公众积极参与电子商务。同时电子商务属于民商活动，政府的干预应是最低限度的，以免由于政府的过度干预而阻碍电子商务的发展。要发挥市场机制作用，确定企业在电子商务中的主体地位，发动企业和社会投入电子商务，鼓励大中企业与民营企业积极参与企业信息化和电子商务建设。

（5）着力创新，注重实效。推动电子商务应用、服务、技术和集成创新，着重提高电子商务创新发展能力。立足需求导向，坚持务实创新，选准切入点，注重应用性和实效性，避免盲目跟风和炒作。

（6）规范发展，保障安全。正确处理电子商务发展与规范的关系，在发展中求规范，以规范促发展。以网络运行环境安全可靠为基础，促进网络交易主体与客体的真实有效、交易过程的可鉴证，加强对失信行为的惩戒力度，形成电子商务的可信环境。

（三）我国电子商务发展的战略目标

商务部、中央网信办、国家发展改革委发布的《电子商务"十三五"发展规划》（以下简称《规划》）提出了我国电子商务发展总体目标：到 2020 年末，电子商务全面融入国民经济各领域，发展壮大成为具有世界影响力的电子商务产业，推动形成全球协作的国际电子商务大市场。电子商务经济进入规模发展阶段，成为经济增长和新旧动能转换的关键动力。电子商务全面覆盖社会发展各领域，带动教育、医疗、文化、旅游等社会事业创新发展，电子商务成为促进就业、改善民生、惠及城乡的重要平台。具体目标包括：2020 年，电子商务交易额同比"十二五"末翻一番，超过 40 万亿元，网络零售额达到 10 万亿元左右，电子商务相关从业者超过 5000 万人。

（四）"十三五"期间我国电子商务发展的主要任务

（1）加快电子商务提质升级。以"创新和开放"引领发展，全方位提升电子商务市场主体竞争层次，加快电子商务商业模式、科技水平及市场组织方式创新，推动电子商务进入新一轮高速发展阶段。

（2）推进电子商务与传统产业深度融合。以"协调和创新"引领发展，促进电子商务经营模式融入传统经济领域，开创线上线下互动融合的协调发展局面，加快形成网络化产业，全面带动传统产业转型升级。

（3）发展电子商务要素市场。以"创新、协调和共享"引领发展，进一步完善电子商务支撑体系，推动电子商务人才、技术、资本、土地等要素资源产业化，形成电子商务支撑体系与要素市场一体化发展的全新态势。

（4）完善电子商务民生服务体系。以"共享和创新"引领发展，推动电子商务广泛应用于社会发展领域，创新开展"电商扶贫"和"便民服务"，使全体人民在电子商务快速发展中有更多的获得感。

（5）优化电子商务治理环境。以"绿色、创新和协调"引领发展，积极开展制度、模式和管理方式创新，优化电子商务市场秩序，应对电子商务自身面临的环境保护挑战。围绕"十三五"时期我国电子商务发展目标和主要任务，《规划》从电子商务信息基础设施建设、新业态与新市场培育、电子商务要素市场发展和电子商务新秩序建设四方面共部署了 17 个专项行动。

（五）我国电子商务发展的保障措施

（1）加强组织领导。在促进电子商务发展部际综合协调工作组的统筹下，协调解决我国电子商务发展过程中出现的重大问题，协调政策资源和引导发展方向。在电子商务扶贫、跨境电子商务、电子商务市场治理、电子商务示范城市等重点领域建立健全电子商务部际协调机制，针对不同领域电子商务发展需求，加强政策资源协同。

（2）完善顶层设计。推动电子商务列入各地区国民经济和社会发展规划，鼓励各地结合实际情况，按照国家有关政策精神出台本行业、本区域的电子商务发展规划，做好电子商务发展规划与其他规划的衔接与协同。完善电子商务统计监测体系，及时掌握电子商务发展的总体情况、发展趋势和主要问题，将电子商务统计作为相关政府部门的重点工作。成立电子商务专家咨询委员会，组织来自产学研及社会中介机构、专业媒体等长期从事电子商务相关研究的专业人士，深入电子商务一线，研判电子商务发展中出现的各类问题，为相关政府部门制定和实施相关政策提供咨询参考。

（3）推进试点示范。深入推进跨境电子商务试验区、国家电子商务示范城市、国家电子商务示范基地、电子商务进农村综合示范、电子商务示范企业等试点工作，多层次、多领域组织试点示范，破解电子商务发展中遇到的困难和障碍。要及时总结试点经验和问题，加强宣传引导和横向交流，切实发挥试点示范的引导和带动效用。

（4）优化资金投入。创新机制，优化资金投入，积极支持电子商务基础设施、公共服务、科技提升、创新创业、农村电子商务等方面的探索实践。在政府采购中逐步加大电子商务采购比重，积极采购各类电子商务服务。创新电子商务基础设施投入方式，鼓励社会资本成立电子商务专项发展基金，探索政府股权投资或政府和社会资本合作（PPP），开展以奖代补、贴息等多种方式支持电子商务公共服务及基础设施建设。

（5）建立监督机制。加强政策执行工作监督，充分利用各级政府机构现有督办、审计、考核机制，加快简政放权步伐，加强电子商务监督考核工作。加强行业及市场自律，支持鼓励电子商务协会、商会及联盟组织建设，加强政府与电子商务协会、商会及联盟组织的政策沟通。建立政策制定和执行的行业评估机制。充分发挥舆论监督和社会监督作用，加强舆论引导，倡导良性的市场氛围。

（6）增进国际合作。积极利用现有多双边及区域国际交流机制，发挥主动引领作用，深入推进国际电子商务规则谈判和政策协同，营造有利于电子商务发展的国际环境。务实开展电子商务国际交流合作，在"一带一路"和主要贸易伙伴国家或地区等重点范围内积极搭建双边电子商务合作机制体系，推进"网上丝绸之路"经济合作试验区建设，倡导各方加强电子商务领域合作，推广中国在相关领域的成功做法和经验。引导电子商务企业、研究机构和行业组织参与国际电子商务产业合作与交流，支持设立国际性电子商务合作机构。

第四节　企业电子商务战略

一、影响企业电子商务战略的主要内部因素

企业电子商务战略的制定，一方面要考虑企业电子商务的外部环境，更重要的是要考虑企业电子商务的内部条件。外因只有通过内因才能发挥作用，企业电子商务战略的制定最终取决于企业内部的基本条件。

（一）管理者的态度

根据原国家经贸委贸易市场局的调查①，"一把手工程"是电子商务实施之初不可缺少的保障，"一把手"的认知水平、重视程度以及在实际实施过程中的支持与参与，对于企业电子商务的顺利实施起着决定性的作用。

---

① 国家经贸委贸易市场局. 中国企业互联网应用与电子商务发展水平综合调查[M] //中国电子商务年鉴（2003）. 北京：中国电子商务年鉴编辑部. 2003：475.

（二）核心业务

任何一个企业，无论是制造业、商业还是服务业企业，都有它独特的主营业务，即核心业务，而核心业务的运作过程就是企业的主导流程。对于大多数企业来说，电子商务的战略应当围绕企业的核心业务和主导流程展开。零售帝国沃尔玛的核心业务是商品零售，而要保证其遍布全球的连锁店能够正常经营，货物配送就成了它的主导流程，因此，沃尔玛不惜花费巨资围绕自己的核心业务和主导流程开展电子商务，从而取得了巨大的成功。

核心业务是一个企业赖以生存的基础和竞争优势的核心所在，也是企业持续发展的根本动力。电子商务的实施可能有多种驱动力，如主管部门的驱动、信息化浪潮的冲击、外部环境的影响等。但真正推动企业电子商务发展的是企业业务和市场拓展的需要。中国石化把采购业务的电子商务网站放在物资供应公司，把销售业务的电子商务网站放在化工产品事业部，突出服从业务主导的需要，收到很好的效果。所以，从核心业务出发，寻找适合自己企业的电子商务模式是至关重要的。

（三）企业规模

规模是影响企业电子商务战略的一个重要因素。规模大的企业，资金雄厚，技术力量强，生产管理、营销管理规范，实施电子商务具有较大的优势。但大企业管理流程比较稳定，实施电子商务面临流程重组的问题。中小企业虽然经营比较灵活，但却面临着资金和技术力量薄弱的问题。不同规模的企业，电子商务的实施方式有较大区别。

（四）行业竞争状况

在电子商务行业中，必须清楚了解两种截然不同的竞争战略。一是"牺牲利润，注重企业成长"的激进经营战略；二是"追求利润，重视客户体验"的稳重经营战略。前者追求网站的高流量与收入的高增长，并通过高增长吸引更多的风险投资。后者通过挖掘企业内部潜力，优化产品采购销售流程改善企业的经营状况，维持企业的生存。从目前情况看，前一种战略在我国电子商务竞争中占据主导地位。所以，当一个企业计划涉足电子商务的时候，必须对电子商务行业存在的过度竞争状况有一个全面的了解，并对未来竞争的严酷程度有足够的思想准备。

（五）财务状况

用于电子商务的支出不是消费，而是一项投资，而且还需要长期投入资金。因为电子商务不一定能取得立竿见影的成效。战略制定人员应当全面了解企业财务状况，根据企业财务能力制定适合自身条件的电子商务战略。

二、企业电子商务的战略目标与战略框架

（一）企业电子商务战略目标

基于对环境与行业竞争的分析，可以形成企业电子商务战略。企业电子商务战略是企业战略的一个组成部分，它建立在企业总体战略基础之上，明确地提出了企业在网络环境下的发展目标。在设计企业电子商务战略目标时，应注意以下问题。

（1）优先考虑电子商务系统的竞争力指标，即应该以建立一个高效的、有市场竞争力的电子商务系统，作为企业电子商务战略的目标。为此，企业必须考虑自身组织结构和业务流程是否适应这一目标，否则就有必要进行重组和改造。

（2）应基于全球化经济考虑系统需求。只有将全球贸易和国际商务需求融合到长远性的电子商务战略设计里，企业电子商务系统才能适应全球化的挑战。

（3）应把支撑企业运营目标作为核心要素之一。企业电子商务战略设计不能脱离企业的运营目标，以电子商务技术支撑企业经营策略和运营模式，是企业电子商务收到良好效果的重要途径。

（4）重视电子商务系统的价值衡量。电子商务战略设计必须能为

企业增值服务，一方面电子商务技术要能推动价值的产生，同时本身也应能够创造价值。

毋庸讳言，企业在进行电子商务战略设计、重新锻造企业竞争力的过程中，有必要充分认识企业电子商务战略设计的难点，并有针对性地提出具体目标。

（1）扩展企业营销渠道，使企业在国际国内虚拟市场上占据一席之地。

（2）扩展企业采购渠道，保证采购质量，降低采购或本。

（3）扩展企业广告渠道，在虚拟市场上树立企业形象，宣传企业产品品牌。

（4）完善企业售后服务体系，提高售后服务水平。

（5）加速企业内部信息化，实现企业业务流程重组。

（6）实现电子商务自身盈利。

（二）企业电子商务战略框架

企业电子商务战略框架主要包括下列子战略：电子商务技术战略、虚拟市场开拓战略、网络营销战略、网络广告战略、电子商务物流战略、电子商务售后服务战略、电子商务安全战略、电子商务人才战略等（图2-1）。

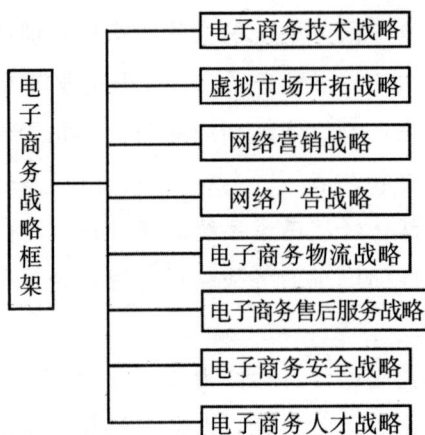

图 2-1　企业电子商务战略框架

三、企业电子商务战略实施

（一）企业电子商务战略实施的基本原则

电子商务战略的实施对任何一个企业来说，都是一项新的工作，常常会遇到许多在制定战略时未估计到或者不可能完全估计到的问题。因此，在实施企业电子商务战略时需要遵守三个基本原则。

（1）满意原则。由于虚拟市场形成的时间不长，在这样一个市场上开拓创新，本身具有较大的风险。对电子商务战略的实施抱有过高的要求是不现实的。因此，只要在主要的战略目标上基本达到了战略预定的目标，就应当认为这一战略的制定及实施是成功的。

（2）统一指挥原则。由于电子商务的特殊性，电子商务战略通常首先是由业务部门起草的。在战略实施时，企业的高层领导人员必须对战略作深刻的、全面的了解，并将战略的实施处于高层领导人员的统一领导，统一指挥下进行，只有这样，才能协调、平衡各个业务部门，才能使企业为实现战略目标而卓有成效地运行。

（3）权变原则。企业电子商务战略实施过程是对新事物探讨的过程，期间必然遇到各种条件的变化。权变的理念要求识别战略实施中的关键变量，提出关键变量的限定范围。当变量的变化超过一定限定时，及时对原战略进行调整，以保证整个战略基本目标的实现。

（二）企业电子商务战略实施的驱动模式选择

电子商务战略实施需要驱动力量。不同的企业、不同的时期以及电子商务发展的不同阶段，采用的驱动模式有很大不同。企业电子商务战略实施的驱动模式可以分为外部驱动模式和内部驱动模式；也可以分为行政驱动模式、市场驱动模式和技术驱动模式。图 2-2 显示了上述各种驱动力量之间的关系。

图 2-2　电子商务驱动模式分析

一般来说，在电子商务发展的初级阶段，驱动模式相对单一，多为外部驱动或业务部门驱动等。当电子商务发展到一个相对成熟、相对完善的阶段，驱动模式多为混合驱动。在网络环境下，市场驱动、问题驱动、技术驱动和畏惧或贪婪驱动都有了新的内容。

（1）问题驱动。企业在供产销过程中往往碰到许多新的问题，这些问题用传统方法解决效果不好，于是采用电子商务方案来解决问题。美国通用汽车在处理旧设备的时候碰到的问题就是很好的例子。该公司每年要处理大批旧设备，为此感到很头疼。后来企业网站人员提出电子商务解决办法。实践证明，通过网站进行旧设备拍卖是很好的解决途径。

（2）技术驱动。电子商务系统解决方案常常与传统运作流程产生矛盾，企业管理层的支持很难完成技术更新。电子商务人员通过电子商务技术的实施，改造现有流程，提高管理效率，从而调动企业管理层对电子商务的支持力度。

（3）市场驱动。在这种情况下，竞争者的成功做法成为企业效仿的典范。当一家或者多家竞争对手开始采用电子商务而且似乎进展顺利时，他们马上跟进。凡客诚品仿效 PPG 开展网上衬衫的销售，当当书店仿效亚马逊书店开展网上售书，搜狐、新浪网站仿效游戏网站经营网络游戏等，都属于这种情况。

（4）畏惧或贪婪驱动。在这里，公司管理层或者担心如果不采用电子商务就会成为大输家，或者认为采用电子商务就能够赚大钱。这种情形下，他们生怕"误了车"，所以经常仓促地开始不适当的冒险。

（三）企业电子商务战略实施切入点的选择

企业在实施电子商务战略时，需要根据企业所处的不同市场环境与市场地位，选择电子商务实施的最佳切入点。大部分企业在制定电子商务实施策略时，都充分考虑并利用了现有商务模式中的主导地位，主动开展能够直接为企业增加盈利的电子商务活动。例如，宝钢集团充分利用其大批量物资采购的谈判优势，在买方市场中建立起自己独立的采购平台，拉动供应商上网，利用网络平台达到了降低采购成本、快速采购的目的。苏宁电器集团利用自己在实体市场上的销售优势，提出"云集苏宁，易购天下"的战略目标，成功实现了从传统电器销售到网络电器销售的战略转移。

多年以来企业为在市场上找到适合自己的最佳切入点和最佳商业机遇，创造了许多行之有效的战略方法。其中最有名的是波士顿咨询集团的"金牛、新星、问题项目和狗"矩阵。2001年奇安借鉴这种方法，建立了一套适用于网络环境的电子商务战略方法[1]。在奇安的方法中，战略不是基于行业成长性和市场地位的，而是基于公司协调性和项目存续性的。

（四）企业电子商务战略的实施阶段

企业电子商务战略的实施可以分为四个阶段。

第一阶段：酝酿阶段。企业研究实施电子商务的条件，着手电子商务战略规划的启动。

第二阶段：交易阶段。企业在互联网上开设自己的网站，或在第三方电子商务平台上创建网页，展示企业的交易信息，开始在网上进行网络营销、网络广告等电子商务活动。

第三阶段：整合阶段。企业在虚拟市场上占据一定份额，电子商务开始渗透到企业多个业务部门，与电子商务配套的物流和售后服务不断完善。

---

[1] Tjian A K. Finally. A Way to Put Your Internet Portfolio in Order [J]. Harward Business Review，2001（2）.

第四阶段：转型阶段。企业根据电子商务的要求，结合 ERP 等进行业务流程重组，形成新的网络经济理念。

（五）企业电子商务战略实施中的战略调整

世界经济的复苏乏力、信息技术的加速更新和不同产业的相互渗透迫使企业不断调整自己的发展战略。战略调整是一种特殊的决策，是企业经营发展过程中对过去选择的目前正在实施的战略方向或线路的改变。

作为一家纯粹的计算机制造公司，美国苹果公司在音乐播放器 MP3 已经饱和的情况下，开发出 iPod 并通过 iTune 及其后台的音乐库使播放器升级为音乐下载平台，开始了高度垂直整合产业链的战略调整。苹果公司通过垂直整合战略的实施营造了一个围绕它私有标准的封闭生态系统，实现了对产业链的高度控制。十几年前，苹果公司的市值还只有 100 亿美元，而到 2013 年底，其市值达到 4779 亿美元，成为全球市值最大的公司。

作为一家电子商务领头公司，亚马逊积极持续地进行战略扩张。首先，它从网上书店扩张为包罗万象的网上综合零售店；继而推出 MP3 数字音乐商店，即时录像下载服务。

2011 年以后，亚马逊开始进入软硬件领域，先后推出名为 "Kindle Fire" 的平板电脑、网络付费系统、手机支付系统、云计算软件开发工具包等新产品。亚马逊的发展战略不仅是跨行业的、有前瞻性的，而且在各项战略举措之间高度注意协调，也注意实施地把握时机。

国内电子商务企业同样高度重视战略调整。2013 年，阿里巴巴集团原有的七大事业群调整为共享业务事业部、天猫事业部等 25 个事业部。腾讯将所有业务划归到 7 大事业群，建立了有机的互联网生态。搜狗将原有格局重新分配为 4 大业务部门，分别是桌面事业部、搜索事业部、营销事业部、用户平台事业部。京东商城则将移动电子商务作为未来发展的重点，强调移动互联网不是传统电子商务的补充而是一种彻底的颠覆，京东将来的发展方向要朝着移动的方向走，都要符合未来移动战略。

　　电子商务是当今所有行业中发展最快的行业，也是变化最多的行业。开展电子商务的企业需要不断调整自己的战略方向，审时度势，利用技术创新和商业模式创新实现企业的成功转型。

第三章　电子商务的一般发展模式

随着互联网事业的不断发展，电子商务作为一种依赖于互联网的营销模式，逐渐被人们所熟知。本文将以多个角度详细介绍电子商务的运作模式，以及电子商务相关技术。电子商务的运作模式是指在可靠的网络环境中，应用不同的技术的商务模式。为了更好发掘电子商务给人们带的商机，我们有必要从不同的角度研究和分析各种电子商务的运作模式。

第一节　电子商务的零售业

一、网络零售业

（一）网络零售业概述

零售商即销售中介，是介于制造商和客户之间的销售者。虽然有许多制造商直接将产品或服务销售给客户，但通常主要还是依靠批发商和零售商进行销售。在实体环境下，商店或厂家直销店进行零售，客户购买产品或服务必须到这些店铺中。那些有数百万客户的企业（如宝洁公司）必须通过零售商，才能实现高效的配送。即使是那些销售产品不多的企业（如柯达公司），也需要零售商来接触各地众多的客户。

邮购订单销售业务为企业和消费者消除了时间和空间上的制约：零售商不需要店铺就能完成销售，消费者也可以自由地选择时间浏览产品目录。通常，邮购订单零售商从多家制造商那里购买产品，然后通过发放产品目录销售商品。随着互联网的普及，人们自然而然地把邮购业务转移到网络上。通过互联网进行的零售称为网络零售（electronic retailing，e-tailing），那些在网上进行零售的人称为网络零售商（e-tailers）。网络零售既可以采用固定价格的销售形式，也可以采用竞价的销售形式。通过网络零售，制造商直接将产品销售给顾客，省去了中间环节。本章将探究网络零售的各种类型及其相关问题。

零售及网络零售的概念意味着产品或服务的销售对象是单个消费者，即 B2C 电子商务。然而，B2C 和 B2B 之间的界定并不明晰。例如，亚马逊网站上大部分的图书销售给个人（B2C），但也销售给企业（B2B）。在网络销售图书方面，亚马逊最大的竞争对手——巴诺书店（barnes and noble.com）设立了一个专门负责企业客户的部门。沃尔玛网店（walmart.com）的销售对象既有个人，也有企业（通过山姆俱乐部）。戴尔通过自己的网站（dell.com）向消费者和企业销售电脑。史泰博（Staples）和许多保险公司都同时向个人和企业提供产品和服务。

（二）网络零售畅销品

2011 年，美国网购人数约为 1.7 亿，网络零售商希望能够为持续增长的客户提供优质的产品和服务。众多供应商为网络市场提供了各种商品。

第一代电子商务只销售图书、软件和音乐等一些容易了解、易于配送的商品。2000 年开始了第二代电子商务的浪潮，此时消费者从在线购买简单的商品过渡到在线搜索和购买较为复杂的产品。到 2011 年消费者网购产品的种类包括家具、珠宝、定制服装、电器、汽车、大屏电视机及建筑材料等。同时，消费者还网购各种服务。

（三）成功网络零售的特征及优势

实体零售业中许多企业成功的基本原则同样也适用于网络零售业，如先进的经营理念、创新的领导团队、对竞争和财务的全面分析及缜密的电子商务战略等。此外，电子商务的在线和离线经营还需要有适当的基础设施、稳定及可持续的技术支撑。同时还要通过建立外部联盟获得必要的运营能力（如物流及配送能力等）。成功的网络零售必须能够以合理的价格提供高质量的产品，外加优质的服务和跨渠道合作与整合，最终使消费者顺利接受企业在线和离线服务。从某种意义上看，线上和线下渠道并没有太大的差别。但是网络零售商能够提供传统零售商无法提供的服务。

二、网络零售商务模式

为了更好地理解网络零售，首先要了解面向个体消费者的零售商和制造商。销售者有自己的组织，并且必须从其他销售者（通常为企业）那里购买商品或服务。但是，网络零售业最基本的构成是 B2C，也就是零售商或制造商与个体消费者之间的交易。零售商务和其他商务一样，都是在某一商务模式下运行的。所谓商务模式（business model）也就是企业如何运作其商务，以达到盈利的目的。具体来说，它包括对企业客户的分析、企业如何实现盈利以及怎样才能持续为客户提供产品和服务。

（一）以配送渠道为划分标准的 B2C 模式及其类别

按照不同的划分标准可以将网络零售商务模式划分为不同的类别。例如，有的按照商品种类对其进行划分，有的按照销售地域进行划分，还有的按照收益规模进行划分。在这里，我们以配送渠道为标准，将 B2C 商务模式划分为五类。

1. 邮购零售商展开的网络直销模式

大多数传统的邮购零售商只是简单地增加一个配送渠道即网络。其中一些企业还同时经营实体商店，但它们主要的配送渠道仍然是直销。

2. 制造商直销模式

一些制造商公司网站的直销对象是个体消费者，例如戴尔、耐克、乐高（LEGO）、Godiva 及索尼公司等。这些制造商大多采用虚实结合的电子商务模式，也在它们自己的实体店或通过零售商销售商品。

3. 纯网络零售商模式

这些零售商没有实体店，所有的商品只通过网络销售。亚马逊就是一个典型的纯网络零售商。

4. 虚实结合的网络零售商模式

按照企业初创时的经营模式还可以将这类企业分为两类。最初，虚实结合（也称传统商业模式）是指随着互联网的发展，那些传统企业使用一些方法开展商业活动。如利用"沃尔玛"或"家得宝（美国家居连锁店）"等网站开展商业活动。然而，我们看到了与其相反的发展趋势。少数零售商成功地开设了实体店铺，利用网络环境所创建的品牌优势来支持传统交易活动。例如，作为网络零售先锋及网络电脑销售量最大的零售商——戴尔公司也经营实体商店，Expedia 开设面向旅游者的实体服务办公室，Net-a-Porter 拥有两家实体店，Zappos 也经营三家实体店。线上线下均有销售的模式或者是策略称为多渠道商务模式。采用这种策略的企业能够为消费者提供多种选择，包括网购。客户能够选择最适合自己的渠道进行网购。相关讨论和案例可参阅 Greene（2010）和 Lewis（2010）。

5. 网络卖场模式

这类卖场是由多个独立的网络店铺组成的。

（1）邮购零售商展示的网络直销模式。广义上说，所谓网络直销即不借助实体商店的营销。开展直销的厂商直接面向消费者，越过传统中介直接从消费者手中获取订单。销售者可以是零售商，也可以是制造商。成熟的邮购企业在开展网络销售方面具有明显的优势，因为它们拥有支付系统、仓储管理、订单处理的运营能力。

（2）制造商直销模式。参与直销的各方之间能够相互影响。由于制造商直接和消费者联系，能使消费者获得更多有关产品的信息，因而它们也能够更好地了解所面对的市场。戴尔主要运用直销的模式，按订单生产，实现产品的定制化。

（3）纯网络零售商模式。纯网络零售商是指那些直接通过网络将商品销售给消费者的企业，它们不保留实体销售渠道。亚马逊就是这类网络零售商的代表之一。虚拟网络零售商的优势在于较低的管理成本和畅通的流水线，但是它的缺陷在于没有实体门店（包括实体配送系统）来支撑网络前台的活动。虚拟网络零售商可以分为普通商品零售商和特殊商品零售商。

普通商品零售商通过网络销售各种各样的商品和服务。如亚马逊利用互联网向各地的消费者提供各种各样的产品。亚马逊和当当是典型的普通商品零售商。需要指出的是，一个普通的商店可以由多个特殊商品商店组成。例如，京东拥有 200 多家特殊商品商店，包括家具、礼品、园艺商店等。通常普通商品网络零售企业规模较大，亚马逊和 Rakuten 都属于这一类型的企业，其中 Rakuten 是日本最大的网络购物中心，它提供 5000 多万种来自大约 3.3 万个制造商的商品。2010年 5 月，这家日本企业并购了美国的 Buy. com 公司。合并后的企业能够提供 6000 多万种来自全球大约 3.5 万个制造商的产品。2009 年，公司在日本拥有 6400 万名注册会员。2010 年，会员人数增至 8000万，销售额接近 40 亿美元。

（4）虚实结合的网络零售商模式。虚实结合的网络零售商是由传统零售商和在线交易网站结合而成。许多虚实结合的网络零售商最初经营的是传统的店铺，经过一段时间之后同时采用在线交易的方式（即从实体转向虚实结合）。另一类虚实结合的商务模式是指交易最初在网络上进行，而后扩展到实体店铺（即从虚拟到虚实结合，如 ex-pedia. com）。

在实体环境下，传统企业开设实体店铺进行交易。传统零售商通常采用实体商店这种单一的配送渠道。有时，零售商也可能开展传统的邮购业务。

在当今数字化的经济背景下，虚实结合的零售商通过实体店进行销售，同时还使用电话、网络、移动设备等销售商品。同时在实体店和网站上进行销售的企业称为采用混合商务模式的虚实结合的零售商。从实体店转变为虚实结合的零售商的例子有百货商店、折扣店、超市和一些其他类型的零售商店。

（二）其他 B2C 模式和特殊零售业

B2C 中还有一些其他的商业模式，Wieczner（2010）和本书各个章节中都有具体的阐述。有些 B2C 模式也同样适合 B2B、B2B2C、C2B 及其他类型的电子商务。

三、网络旅游和酒店服务

很多供应商提供网络旅游服务。和旅游相关的网站主要有：http://vacations.ctrip.com 和 http://www.tuniu.com。很多大型航空公司提供在线售票及其他相关服务。有的网站提供旅游度假服务；有的出售火车票；

有的提供汽车租赁服务（如 https://www.zuche.com）；有的提供酒店预订服务（如 http://hotel.elong.com）；有的是商务平台（如 http://www.damuzzz.com）还有的提供观光服务（如 http://www.loyoyo.com）。旅游指南出版社（如 lonelyplant.com）在网站上提供大量的旅游信息，同时也提供旅游服务。虽然竞争非常激烈，但企业间也有合作。例如 hotel.com 为许多网站提供服务。因此，消费者可以在很多网站上搜索到相同的信息。

在线旅游服务的收益模式包括直接收益（佣金）、广告收益、潜在顾客开发费、咨询费、会员费、注册费及收益分享费等。随着其快速成长和成功，旅游业似乎已经发展成熟，远远地丢弃了最初所关注的信誉、忠诚度和品牌形象。然而，在线旅游零售商的竞争十分激烈，利润低，客户忠诚度低，产品和服务的商品化增速。因此，最优价格保证和各种培养忠诚度的项目是吸引客户的主要途径。

在线旅游业将会有三个重大的发展趋势。第一，在线旅游企业将通过客户服务信息和其他相关的服务为客户增加价值，从而提升自身的差异化水平。第二，旅游信息搜索功能更加强大，能够在一系列相关的网站上进行搜索，为消费者找到最低价格的商品或对旅游产品的价值进行对比。第三，在线旅游企业将会更加重视对社交商务模式的利用，为潜在客户提供信息内容，并利用这些网站研究潜在客户的行为。

（一）服务提供商

虚拟旅游企业能够提供传统旅游企业提供的所有服务。例如，提供一般的旅游信息、订票购票、住宿及娱乐活动等。此外，它们还提供传统旅游企业无法提供的服务，如旅游小窍门、票价跟踪（以免费发放电子邮件的形式告知优惠价车票和机票信息）、专家建议、详细的驾车地图或导航、聊天室、公告板等。有的旅游企业还提供一些创新性的服务，如在线旅游拍卖等。

（二）特殊在线服务

许多在线旅游服务公司提供低价旅游。消费者可以登录那些专门提供备用车票或飞机起飞前剩余机票的特殊网站，订购低价票。http：//www.58.com 提供低价机票和折扣住宿，保证了飞机的上座率和酒店客房入住率。同样，旅游地度假折扣也可以在以下网站获得：https：//flight.qunar.com 和 http：//www.ctrip.com 提供折扣车票和旅游套餐。旅游者可以通过 http：//www.maigoo.com 等找到来自全球几千家餐饮店的信息。当然，谷歌或者必应等搜索引擎也能提供类似服务。

一些网站还向旅游者提供医疗服务信息，如世界卫生组织（who.int）、政府（cdc.gov/travel）、非政府组织（tripprep.com，medicalert.org，webmd.com）。。

其他特殊服务包括：

（1）无线服务。许多航空公司允许客户使用移动设备查询航班信息，刷新常客里程信息，甚至预订机票。

（2）先进的登机手续办理。许多航空公司提供先进的登机手续办理，你可以在登机前 24 小时办理登机卡，也可以使用智能手机将登机信息下载到手机上，然后将手机中的信息和身份信息提交给安检人员。在安检人员使用电子读卡器读取信息后，就可以登机。

（3）直销。航空公司通过互联网出售电子机票。消费者在互联网上（或使用电话）购买电子机票，只需自行打印登机牌或是到机场电子打印厅，使用信用卡换取登机牌即可。

（4）联盟。为增加销售、降低成本，航空公司和一些旅游企业结盟。例如，有些联盟企业只对在线购买机票给予优惠。

（三）在线旅游服务的利与弊

在线旅游服务的优势在于旅游者的数量很多，而且能够随时随地提供大量的免费信息。那些有时间且有耐心的消费者可以找到折扣信息。航空公司、酒店、游轮也能从中受益，因为它们能够通过网站把闲置的座位或房间销售出去。此外，直销能够节省供应商的佣金和运营费用。

在线旅游服务也有一些缺陷。首先，使用虚拟的旅游企业需要花费大量的时间，且有时是比较困难的。特别是对于那些复杂的旅行和缺乏上网经验的用户。其次，因为需要专业的知识和行程安排，对于复杂的旅行或者那些需要在中途停留的旅行来说，求助于人工服务比利用网络好一些。因此，旅游中介是不可或缺的，至少短时期内如此。

（四）商务旅行

商务旅行市场巨大，近年来其网络门户发展迅速。前面提到的旅游服务都可以用于企业。然而，许多大公司可以从大型旅游代理商那里获得额外的服务。为了降低商务旅游成本，公司允许员工自行安排出行。使用在线旅游企业提供的软件（如携程网），公司可以进一步节约旅游成本。有些旅游企业（如青旅）还提供旅游确认软件，用于判断旅游经费是否批准及是否符合公司的规定。Expedia、Travelocity 和 Orbitz 等企业也为客户公司的出行计划及预订等提供软件。

四、网络零售中的问题及教训

（一）去中介化和再中介化

去中介化（disintermediation）是指在供应链中消除中介组织或企业自身的中流程。如图 3-1 中 B 部分所示，制造商可以越过所有的销售商和零售商，直接将产品销售给客户。这样，B2C 可以将传统的零售商去除。

A.简单的传统供应链

供应商 → 生产商 → 分销商 → 零售商 → 最终消费者

B.去中介化供应链

供应商 → 生产商 → 分销商　零售商　最终消费者

C.再中介化供应链

供应商 → 生产商 → 分销商 → 零售商 → 最终消费者

中介

中介

中介

·····▶去中介 ——▶再中介

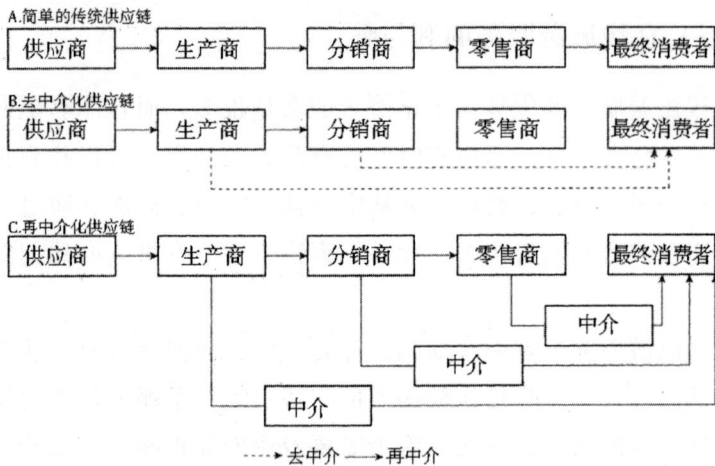

图 3-1　B2C 供应链中的去中介化和再中介化

　　然而，消费者在选择供应商时可能会出现一些问题，供应商为消费者配送商品时也会出现一些问题。这就需要有一个第三方的保管服务来确保交易的完成。因此，新型的中间商可能就会产生。这些新型中间商可能是由传统的中间商演变而来，也可能是一些新生的中间商。它们扮演着新的角色，提供附加值和帮助。这就是再中介化（reintermediation）的过程，如图 3-1 中 C 部分所示。对于中介来说，网络提供了一种接近客户的新方式，这种新的方式既可以为客户带来价值，又能使其自身获取收益。

　　中介越来越强调价值增值服务，例如，帮助消费者进行各种各样的购物比较，提供整合供应商的服务，提供认证及第三方信用控制和评价服务等。例如，网络新车和二手车的销售需要网络中介提供信息和一些特殊的服务等。这就是网络中的再中介化。中介在购买流程中的作用发生了变化。Edumunds 就是这样一个典型的例子。Edumunds 为消费者提供大量有关汽车的信息，包括价格对比、评级、待售汽车所在地、网络汽车经销商真实成本等。另一个例子是旅游代理商，它们为客户安排复杂行程、提供长期预订、安排特殊旅行及提供现货交易等服务。当其他中介逐渐没落时，这些企业却迅速成长。

（二）渠道冲突

　　传统零售商开始进行网络销售时，通常会增加新的市场渠道。这被称为多渠道营销。同样，有些制造商在保留传统零售渠道的同时，也开展网络直复营销（如零售商或经销商）。这样就会发生渠道冲突。所谓渠道冲突（channel conflict），就是指某渠道成员绕开传统的渠道伙伴而采用新的销售渠道（一般是指网络渠道）所引发的渠道竞争。这种冲突的激烈程度会根据行业的性质和企业的特征发生变化。但一般情况下，开展网络销售就会损害与原有伙伴之间的关系。渠道冲突也可以指当企业开展在线交易，将客户从实体商店转移到网络环境中时，原有店铺利润下降甚至亏损造成相互残杀的现象。然而，细致的管理、有效的战略都可以为采用虚实结合模式的网络零售商带来协同效应，特别是那些利用各自优势来改善客户体验的企业。解决冲突的一种模式就是允许客户在线下单和支付，但配送作业仍需要实体店铺来完成。

（三）价格冲突的可能性和商家的定价方法

在线产品和服务定价对企业来说是比较复杂的，特别是对于采用虚实结合模式的企业。其原因之一是：线上和线下都存在价格竞争。如今的比较机制能够使消费者了解来自许多商家几乎所有商品的价格，而且消费者无须为此支付费用。因此，商家被迫折价销售在线商品。与此同时，商家的交易成本和配送成本都会下降，供应链缩短，效率提升。这也就意味着网络零售商可以凭借其较低的价格在激烈的网络市场中博得一席之地。此外，采用虚实结合模式的在线零售商也可能被迫提供比其实体店商品价格还要低的定价。另一个原因在于采用虚实结合模式的零售企业在保持全公司盈利的同时还要保持在线、离线价格的一致。为了避免内部价格冲突，有些企业创建独立的网络子公司，有的企业使用新的品牌。

（四）产品、服务的定制化和个性化

互联网使人们更容易实现自我配置（即自己设计），引发了对定制化产品和服务的需求。制造商可以采用规模定制的策略满足这种需求。正如之前所述，许多企业都能通过自己的网站向客户提供定制化的

产品。

在线市场商务模型的重要特征之一是商家不仅能够提供定制化的产品，还能为个体消费者提供个性化的服务。

尽管纯网络零售会面临风险，但网络零售仍然迅速增长，并且成为传统店铺和商品配送渠道的补充。换句话说，虚实结合的经营模式正在战胜传统的经营模式，并且其竞争优势将继续保持下去。

（五）在线竞争

企业开展在线商务非常容易，因此有上百万家在线企业之间展开了竞争，而且在线企业和传统零售商之间也展开了竞争。在线比较机制使这种竞争变得更加激烈。顾客就是上帝！许多情况下，大多数网站上商品价格是一样的。而且，服务和其他因素也几乎相同。本章中的许多案例都能说明竞争的加剧。

（六）网络零售企业的失败所带来的启示

与在实体环境中一样，企业开展网络商务也会遭受失败。从这些失败中我们可以总结出一些经验教训。

尽管许多企业致力于加强与消费者的沟通，开发互动性网站，使购买流程更加快捷，但是有的企业依然仅仅展示商品，很少和消费者互动。很多传统企业正处在转型阶段。成熟的交易体制包括支付、订单实施、物流、存货管理等。大多数情况下，企业必须复制每个实体商务流程，并设计几个只有在网络上才能进行的流程。在当今的环境下消费者可以通过网站主页、电话、网络电话等获得更复杂的信息（如订单信息、配送信息、产品信息等）。面对如此多变的环境，开展电子商务的企业要提高自己的盈利能力，将会成为一个很大的挑战。

一个拥有成熟网站的传统店铺想要成功地运用虚实结合的商务模式，必须做到以下几点。

（1）统一传播口径。企业可以整合所有的后台系统以创造完整的客户体验，在线体验必须是传统交易体验的延伸。

（2）运用多种渠道。富有创新的零售商能够利用每种营销渠道的优势。不论是线上还是线下购买，消费者都能够从中获利。

（3）授权给客户。商家需要为客户提供全天候的商品购买和信息搜索等服务。虽然使用的信息技术不同，但商家应能够方便客户随时随地进行互动，多渠道地获取信息（如商家的地理位置、产品信息及存货信息等）。

第二节　B2B 电子商务模式

一、B2B 电子商务的主要模式

B2B 电子商务模式，即企业对企业的电子商务，是企业与企业之间通过互联网进行的各种商务活动，如谈判、订货、签约、付款以及索赔处理等。

在电子商务的几种模式中，B2B 是电子商务的一种重要模式，也是企业在激烈的市场竞争中改善竞争条件、建立竞争优势的主要方式。无论从交易额还是从交易范围看，B2B 电子商务都有着举足轻重的地位。

（一）电子交易市场

电子交易市场有时称为 B2B 交易中心，其潜在的市场规模使其成为 B2B 电子商务中最为成熟和最有前景的商业模式。一个电子交易市场就是一个数字化的市场形态，供应商和商业采购均可以在此进行交易。2004 年，全球有 27000 亿美元的业务是通过电子交易市场来完成的。

一方面，对于买方来说，利用 B2B 电子交易市场只要在一个地方就能够收集信息、检验供应商、收集价格，并根据最新发生的变化进行更新；另一方面，对于卖方来说，则能够从与买方的广泛接触中不断优选，因为潜在的购买者越多，销售的成本越低，成交的机会和利润也就越高。

从电子交易市场的整体来看，可以最大限度地减少识别潜在的供应商、客户和合作伙伴以及在双方和多方开展交易时所需要的成本与时间等。因此，电子交易市场的出现，可以降低交易成本，简化交易手续，获得更多的交易机会。

（二）电子分销商

从电子分销商实务来看，电子分销商的盈利主要依靠产品销售从中获取利润，因此电子分销商最重要的是让产品在网络的销售中真正实现销售周期的缩短、价格的降低，这样才能获得持续、稳定的利润来源。

（三）B2B 服务提供商

B2B 电子商务服务商是指向其他企业提供业务服务的企业。目前，以阿里巴巴等为代表的 B2B 电子商务服务商网站所提供的服务主要以初级电子集市为标志，仅保持与买卖双方的松散的供求关系。而随着电子商务的发展，尤其是行业电子商务（精细化的电子商务模式）的发展，也就是说在 B2B 电子商务深度融入相应的行业之后，就有可能把买卖双方的松散的供求关系转变为紧密的供求关系。另一方面，B2B 电子商务门户利用初具规模的市场资源，能够扮演供应链资源整合者的角色，通过整合各方资源为客户提供集中物流服务、公共服务、信用保障服务、支付服务、资讯服务的一站式服务与供应链运作整体解决方案，并对客户决策产生影响。

（四）信息中介

信息中介是以收集消费者信息并将其出售给其他企业为商业模式。信息中介一词最早是由哈格尔（Hagel）和瑞波特（Rayport）提出的，用来指一种新的企业形式，它作为管理人、代理人和消费者信息的经纪人，代表消费者和企业进行交易，同时保护消费者的隐私。目前，尽管他们先前定义的隐私保护特征还不是很成熟，但仍有大量的企业将商业模式定位于收集消费者信息并将其出售给其他企业。

二、B2B 电子商务的业务流程及优势

（一）B2B 电子商务的业务流程

从交易过程看，B2B 电子商务业务流程可以分为以下四个阶段。

1. 交易前的准备

这一阶段主要是指买卖双方和参加交易的各方签约前的准备活动。买方根据自己要买的商品准备购货款，制订购货计划，进行货源市场调查和市场分析，反复进行市场咨询，了解各个卖方国家的贸易政策，反复修改购货计划，确定和审批购货计划。在按计划确定购买商品的种类、数量、规格、价格、购货地点和交易方式等内容时，尤其要利用互联网和各种电子商务网络寻找自己满意的商品和商家。卖方根据自己所销售的商品全面进行市场调查和市场分析，制定各种销售策略和销售方式，利用因特网和各种电子商务网络发布商品广告，寻找贸易伙伴和交易机会。

2. 交易谈判和签订合同

这一阶段主要是指买卖双方对所有交易细节进行谈判，将双方磋商的结果以文件的形式确定下来，即以书面文件形式和电子文件形式签订贸易合同。电子商务的特点是可以签订电子商务贸易合同。交易双方可以利用现代电子通信设备和通信方法，经过认真谈判和磋商，将双方在交易中的权利、所承担的义务，以及对所购买商品的种类、数量、价格、交货地点、交货期、交易方式和运输方式、违约和索赔等合同条件全部以电子交易合同的形式做出全面详细的规定。

3. 办理交易进行前的手续

这一阶段主要是指双方签订合同后到合同开始履行之前办理各种手续的过程，也是双方贸易前的交易准备过程。交易中很可能涉及中介方、银行金融机构、海关系统、商检系统、保险公司、税务系统、运输公司等有关部门，买卖双方要利用 EDI 与有关各方进行各种电子票据和电子单证的交换，直到办理完可以将所购商品从卖方按合同规定开始向买方发货的一切手续为止。

4. 交易合同的履行和索赔

这一阶段是从买卖双方办理完所有各种手续之后开始的。卖方要备货、组货，同时进行报关、保险、取证、信用等，然后将商品交付给运输公司包装、起运、发货，买卖双方可以通过电子商务系统跟踪发出的货物，银行和金融机构也按照合同处理双方收付款，进行结算，出具相应的银行单据等，直到买方收到自己所购的商品，就完成了整个交易过程。索赔是在买卖双方交易过程中出现违约时，需要进行违约处理工作，受损方要向违约方索赔。

（二）B2B 电子商务的优势

B2B 电子商务提供了企业间虚拟的全球性贸易环境，大大提高了企业间商务活动的水平和质量，其突出优势表现在以下四个方面。

1. 降低成本

对于企业而言，千方百计地降低成本是提高竞争力的重要策略，电子商务对于企业降低成本是行之有效的途径。一方面，电子商务能够降低营销成本。在任何商务活动中，经营者之间都要相互了解，互通信息，详细、深入地沟通和交流。与传统的营销方式相比，网络可以使企业以较低的费用进行宣传推广和信息传递。例如，企业可以利用各类门户网站制作链接和旗帜广告，也可以建立自己的网站为客户提供即时的商业信息、商品目录。另一方面，电子商务可以降低采购成本。对于企业来说，物资的采购是一个复杂的多阶段过程，需要耗费大量的时间、费用进行市场调查。而利用互联网进行采购，可以减少费用、提高效率。

2. 提供超越时空界限的服务

B2B 电子商务帮助企业打破了时空的界限，使企业可以随时随地宣传企业形象，发布产品信息，并与客户、合作伙伴进行全方位的信息交流和沟通。在时间上，企业的网站可以全天候为客户、合作伙伴提供企业相关信息；在地域上，企业可以跨越国界把市场拓展到世界上的任何一个角落，增加了企业的贸易机会。

3. 缩短订货和生产周期

更快、更准确的订单处理，可以降低安全库存量，提高库存补充的自动化程度，增强企业的快速反应能力。电子商务的应用加强了企业内部及企业间联系的深度和广度，改变了过去信息封闭的分阶段合作方式，使分布在不同地区的人员可以通过互联网协同工作，从而最大限度地减少因信息传递效率低而等待的时间。因此，B2B 电子商务可以缩短产品的生产周期，以同等的或较低的费用生产和销售更多的产品。

4. 拓展市场，增强企业竞争力

B2B 电子商务可以使企业随时了解国际市场的供求变化，获得第一手的商业信息，用较低的成本与全球的贸易伙伴轻松沟通。B2B 电子商务是过去商务关系和商务活动的延续，是构筑在高信任度和商务合同基础上的商务关系，能够更大限度地发挥企业对企业的大笔交易的潜在效益，这表现为供应的集中和配送的自动化实现，使企业能够快速开拓市场，增加贸易机会，增强竞争能力。

三、企业开展 B2B 电子商务的基础及盈利模式

（一）企业开展 B2B 电子商务的基础

B2B 电子商务是电子商务的主流模式，但是企业是否需要开展 B2B 电子商务，或者在何种情况下开展 B2B 电子商务，需要考虑以下三个方面的问题。

1. 企业的信息化水平

B2B 电子商务的开展不仅需要企业拥有基本的网络基础设施和电子商务平台，还需要有信息化、自动化的后台系统为其提供支持，包括企业资源计划（ERP）、计算机集成制造系统（CIMS）、供应链系统（SCM）等。这些先进的管理和制造系统是顺利实现 B2B 电子商务的重要条件，也是企业信息化水平的集中体现。缺少这些条件，企业即使能够利用 B2B 电子商务平台获得订单，也无法完全发挥 B2B 电子商务快速、高效、低成本、高集成性的优势。

2. 企业现有的市场框架

企业在决定是否采用 B2B 电子商务模式时，需要认真研究企业现

有的业务体系，要分析 B2B 电子商务对企业现有的商务模式将产生怎样的影响。一般来说，如果 B2B 电子商务能够与现有商务模式形成良性互补，共同占领市场，则企业应当考虑开展 B2B 电子商务。如果 B2B 电子商务与现有商务模式存在严重的冲突，可能会导致销售渠道混乱，则企业就要慎重考虑。

3. 企业的贸易伙伴应用 B2B 电子商务的状况

企业开展 B2B 电子商务不仅取决于企业的意愿，还取决于企业供应链的上下游贸易伙伴对于 B2B 电子商务的应用状况。如果贸易伙伴缺乏开展 B2B 电子商务的基本条件或尚未开展任何形式的电子商务活动，则企业也无法应用 B2B 电子商务与其进行交易。从这个角度来看，电子商务效益的发挥在很大程度上取决于电子商务在企业中的推广应用程度和普及性。

（二）B2B 电子商务的盈利模式

目前，各类 B2B 电子商务网站的主要收入来源包括会员费、广告费、竞价排名费用、信息化技术服务费用、代理产品销售收入、交易佣金费、展览或活动收入等，下面主要介绍前面四种。

1. 会员费

企业通过第三方电子商务平台参与电子商务交易，必须注册为 B2B 电子网站的会员，每年要交纳一定的会员费，才能享受网站提供的各种服务。目前，会员费已成为我国 B2B 电子网站最主要的收入来源。例如，阿里巴巴网站收取出口通、诚信通两种会员费。出口通的会员费为每年 19800 元，诚信通的会员费为每年 2800 元。又如，中国化工网每个会员每年的基础费用为 7000 元。

2. 广告费

网络广告是门户网站的主要盈利来源，也是 B2B 电子商务网站的主要收入来源。网站的广告根据其位置及广告类型来收费，一般有弹出广告、漂浮广告、旗帜广告、文字广告等多种表现形式可供用户选择。

3. 竞价排名费

企业为了促进产品的销售，都希望在 B2B 电子商务网站的信息搜索中将自己的产品排名靠前，而网站在确保信息准确的基础上，根据会员交费的不同对排名顺序作相应的调整。例如，阿里巴巴的竞价排名是诚信通会员专享的搜索排名服务，当买家在阿里巴巴搜索供应信息时，竞价企业的信息将排在搜索结果的前五位，被买家第一时间找到。

4. 信息化技术服务费用

B2B电子商务网站通过提供信息化技术服务来扩大收入，如提供企业建站服务、产品行情资讯服务、企业认证、在线支付结算、会展、培训等。

第三节　B2C电子商务模式

一、B2C电子商务的主要商业模式

（一）门户网站

门户网站是在一个网站上向用户提供强大的Web搜索工具，以及集成为一体的内容与服务提供者。随着网络经济的不断发展，尤其是信息搜索技术的不断提高，门户网站这种商业模式成为网络的重要网站，在保持了强大的网络搜索功能以外，向人们提供了一系列的高度集成的信息内容与服务，如新闻、电子邮件、即时信息、购物、软件下载、视频流等。从广义的角度来理解，门户网站是搜索的起点，向用户提供易用的个性化界面，帮助用户找到相关的信息。目前在中国，新浪网、搜狐网、网易已成为门户网站成功的范例。

在门户网站的发展中，逐步形成了水平型门户网站和垂直型门户网站两种类型。水平型门户网站将市场空间定位于互联网上的所有用户，如Yahoo、美国在线以及中国的新浪网、搜狐网、网易均为水平型门户网站。垂直型门户网站的市场空间定位为某个特定的主题和特定的细分市场，如雅昌艺术网将市场定位为大型艺术品，通过资讯、交流、交易等各个方面功能的整合，将艺术机构的传统形象及服务带入互联网世界，建立多赢的商业模式，现在已成为一家具有领导地位的艺术品市场增值资讯服务供应商。

（二）电子零售商

电子零售商是在线的零售店，其规模各异，内容也相当丰富，既有像当当网一样大型的网上购物商店，也有一些只有一个 Web 界面的本地小商店。

目前的电子零售商主要有两大类：一类是将传统实体商店与网络商店相结合形成的网络销售商店，人们通常称其为"鼠标加水泥"型；另一类是纯粹由网络公司经营的网络销售商店，没有离线的实体销售商店的支撑与配合。

（三）内容提供商

内容提供商目前的最大问题是信息内容的版权问题。新兴的网络服务商很难拥有独一无二的信息源。在大多数情况下，信息服务主要由传统的内容提供商占领，如图书报纸出版商、广播电台、电视台、音乐发行公司以及电影制片厂等，它们有传统而且稳定的信息来源，因此开展网上业务很有优势。

（四）社区服务商

社区服务商的盈利模式较为多样化，包括收取信息订阅费、获得销售收入、收取交易费用、会员推荐费用以及广告费等。从目前网络的发展来看，消费者对网络社区的兴趣不断提高，网络社区的市场机会相应增加，同时网络社区也不断增多，但面对同一个或者相似市场的社区重复现象较为严重，网络社区的市场细分没有深入应用。

二、B2C 电子商务的交易流程

网上购物流程与传统购物流程有很大的区别，网上购物以互联网作为媒介，因此对消费者来说更为便捷。但消费者到网上商店购物的过程与实体商店类似，每个具体的网上商店在流程方面可能存在差异，并在网站比较明显的位置有购物指南等，消费者可以参考进行操作。

（一）浏览产品

消费者通过网上商店提供的多种搜索方式，如产品组合、关键字、产品分类、产品品牌查询等对商店经营的商品进行查询和浏览。

（二）选购产品

消费者按喜欢或习惯的搜索方式找到所需的商品后，可以浏览该商品的使用性能、市场参考价格等商品简介，以及本人在该店的购物积分等各项信息。然后在查询到的想要购买的商品后的编号和品名的购物条中输入所需的数量，并单击"订购"按钮，即可将该商品放入购物车。在购物车设置中会列出所购商品的各项信息，如商品编号、商品名称、商品单价、选购数量、会员价格小计等。在购物车中可以修改购买数量或取消商品的购买，如果还要选购可通过单击"返回继续购物"按钮来实现，最后通过单击"去收银台"按钮付款结账来结束选购商品。

（三）用户注册

为了便于系统对网上商店消费者的管理，一般采用免费的注册会员制度。如果首次来访，建议注册为会员，单击页面导航条上的"会员注册"按钮，根据提示填写完整的注册表单后，用户就成为此网上商城的一名会员了。

（四）配送货物

网上购物者在确定需购买的商品后，即可选择货物配送方式。送货方式一般有国内送货和国际送货之分。国内送货一般有送货上门服务、国内普邮、国内快件等；国际送货一般采用国际快递，如 UPS、DHL 等。

（五）支付货款

由于在网上商城购物属于远程购物，不像一般日常现实购物可以当时结算、直接拿走商品，所以购物者在选购完商品后必须确认一种支付方式，如在线支付、邮局汇款、电汇、货到付款等。

第四章　电子商务的创新发展

当今中国，电子商务已经成为一大热点。无论是传统的制造业或是新兴的金融企业，都把电子商务作为企业经营的一种新方式，纷纷投入巨资建立网站，在国际互联网上从事 B2B、B2C 的各类商业活动，在网上进行交易。要想在众多企业中脱颖而出，电子商务的创新至关重要。

第一节　电子政务

一、电子政务的定义和应用领域

随着电子商务的日趋成熟及其工具和应用的逐渐增多，人们越来越关注如何使用这些工具去改善公共机构及各个层面政府的运作。所谓电子政务（e-government）。总体来说就是运用信息技术，特别是电子商务，使公民及组织更方便地了解政府信息和服务，并且有效地向公民、商务伙伴以及政府机构成员提供公共服务。这有助于提高政府机构与公民及企业开展商务交流的效率，提高政府机构之间的交流效率。

与以上广义定义相适应的几个主要概念包括：政府与公民（G2C）、政府与企业（G2B）、政府与政府（G2G）、政府内部的效率与效益（IEE）及政府与员工（G2E）。

二、政府与公民之间的电子政务

（一）政府与公民间的电子政务

是指政府与公民之间所有电子形式的互动。本章末将介绍新西兰政府的案例，其 G2C 包含几十种不同的互动形式，基本思想就是方便公民随时随地与政府互动。G2C 应用使公民能够很方便地向政府机构提出问题并得到解答、纳税、缴纳费用并得到回执、确定接受服务（如招聘面试、门诊预约等）的时间等。例如，在美国，居民可以在网络上自行换领驾驶执照，缴纳违章罚款，安排验车时间和驾照考试时间等。政府也可以在网络上发布信息、安排培训、帮助公民就业，等等。政府的这些服务都是通过公民门户网站进行的，不同国家、不同等级的政府以及用户对计算机的不同驾驭能力都会使政府服务有差异。政府网站上的功能主要有"如何联系我们"、与其他网站的链接、方针政策公开以及数据库。G2C 服务项目主要有社交服务、旅游、娱乐服务、搜索及教育服务、表格下载、政府服务搜寻、公共政策信息、保健咨询等。如今，在许多国家，G2C 服务都可以通过移动/无线设施获得。

政客对互联网的使用是 G2C 的一项有趣应用，特别是在竞选期间。例如，法国的政党在 2007 年的大选中通过博客获得了几百万张选票。在美国 2008 年的总统选举中，两个主要政党的竞选人都向选民发送电子邮件、即时通信信息，还搭建了综合信息平台。一些志在必得的竞选人使用博客来宣传自己。许多已经当选的政客继续使用博客与选民沟通。社交网络（主要是 Facebook、MySpace）以及基于 Web 2.0 工具的沟通平台（例如 Twitter、YouTube 等）都可以与选民进行直接的交流，特别是年轻的选民。

（二）网络投票

投票过程一般都会出差错，也可能被人为操纵。在许多国家，有人会设法"操纵"选举；而在另一些国家，选举失败的一方会要求重新唱票。有些国家因为选举而引发政治冲突。美国 2000 年和 2004 年的大选中出了一些问题，这也更加促使人们使用电子投票。

选举中会遇到各种技术上、社会上的流程及问题，需要系统地加以解决——包括登记、身份确认、投票站设置、计票等，而这些问题可以部分或是全部通过电子投票自动解决。

由于一些因素，人们对完全的电子投票系统持有较多的异议，如软件是否过关，认证标准是否符合要求，预演测试是否能保证准确性，身份认证是否能够完全保密，软件开发商的评价是否完善，独立的计票、复核、审计机制还不够完善，等等。

巴西是第一个完全使用电子投票的国家。美国的电子投票系统开始于 1980 年，当时主要用于扫描选票；大规模的触摸屏投票系统则是在 2008 年投入使用。值得一提的是，美国的有些州（例如加利福尼亚州、内华达州等）规定，触摸屏设备必须同时具备打印功能，以便保留纸质记录。它们认为，一台好的投票机应该显示投票结果，以便选民确认。这就像在亚马逊网站上购书，或是转移资金、购买股票等一样。从技术的角度分析，电子欺诈是有可能发生的。作案者只要修改计算机程序，就可以重复计算某一竞选人的票数，或者完全忽略另一位竞选人的票数。因此，安全问题及计票审计工作是电子投票成功的关键因素。然而，传统的非电子方法投票系统也存在欺诈行为，而且网络安全技术在不断地完善（Epstein，2007），因此，电子投票的模式终究会成为一种常态。

三、政府与企业之间的电子政务

政府希望能够提高与企业交往的自动化程度。尽管我们一般将其归入政府与企业间的电子商务（Government-to-Business，G2B），但是实际上它还可以分成"政府对企业"和"企业对政府"两类。因此，G2B 商务既包括政府向企业销售商品或服务的电子商务，也包括企业向政府销售商品或服务的电子商务。

（一）政府在线采购

政府部门要向供货商采购大量的 MRO 和其他材料。许多情况下，法律规定政府采购必须采用招标的形式。过去，政府的招标活动是手工操作的，但是现在都采用在线招标，一般使用逆向拍卖的形式，并由政府部门为这类招标提供全部的支持。

（二）团购

许多政府部门也采用团购采购的模式。例如，美国的 eFAST 服务公司开展逆向拍卖活动，将政府部门的采购订单整合在一起。其中的营销理念就是数量折扣，订购量越大，折扣幅度越大。另一个营销动机则是若某个政府部门参与团购，其他买家看到后也很有可能加入团购队伍。

（三）正向在线拍卖

许多政府部门会将多余的设备或是其他商品拍卖处理，例如车辆、被抵押的房地产等。如今，这样的拍卖活动也在网络上进行，可以在政府网站上，也可以通过第三方拍卖网站（如 eBay.com、bid4assets.com、governmentauctions.org 等）。在美国联邦总务局自己运营的网站（auctionrp.com）上，政府部门可以对多余的或没收的物资进行实时拍卖。有些拍卖不允许经销商插手，有的则是公开进行的。

四、政府与政府之间的电子政务

政府与政府间的电子政务（Government-to-Government，G2G）既然包括政府部门的电子商务活动，也包括某个部门内部的商务活动。此类电子政务的目的大多是提高政府部门的工作效率，例如：

（1）Intelink。Intelink 是政府部门的内联网，美国许多情报机构都在这个网络上享受分类信息。

（2）联邦政府病例登记处。这是一家服务机构，它可以帮助州政府登记儿童医疗信息，包括亲子关系确认、抚养义务确认等。

五、电子政务的实施

与其他大多数组织一样，政府机构也希望能迈入数字时代。因此，政府机构中电子商务应用也是很普遍的。实施中遇到的主要障碍之一是政府工作人员的固有心态，即他们对数据和知识的控制权（因为知识意味着权力）。

六、向电子政务的转型

从传统的政府服务向完全的在线政府服务的转变将是一个漫长的过程。商务咨询公司德勤会计师事务所曾经做过一项调查，认为政府服务向电子政务的转型要经历 6 个阶段。这些阶段不一定是循序渐进的。

所有的大型软件开发公司都开发了电子政务的工具和解决方案，CCognos（IBM 公司旗下的一家公司）就是其中之一，该公司还免费提供白皮书。

七、电子政务 2.0 和社交网络

Baumgarten and Chui（2009）表明，尽管政府机构在网络运营上投入了巨大的人力和财力，但它们往往不能满足用户的需求。通过使用 Web 2.0 工具和社交网络，再加上用户参与，政府在线服务的工作效率就会得到大大提升。人们把在政府工作中运用的 Web 2.0 工具称作电子政务 2.0（Government 2.0）。如今，全球各地的政府机构都在尝试社交网络工具，在公共社交网站上也建立了自己的主页。政府机构使用 Web 2.0 工具主要是为了协调工作、传递信息、进行网络教育及公民服务等工作。新西兰政府的电子政务运作就是一个典型的例子，它把社交网络工具成功地运用于内部协调和外部沟通。

八、移动政务

移动政务（mobile government，m-government）是指在移动平台上电子政务的应用。移动政务的主要对象是普通公民（如加拿大使用无线网络的民众），但是也有面对企业的。移动政务使用的是无线互联网基础设施及终端设备。这是一种增值服务，因为政府可以接触到更多的民众，而且与其他的信息技术相比，它的成本效益更高。当然，它也给使用者带来了便利（Trimi and Sheng，2008）。此外，政府机构拥有众多的外勤人员，他们也都可以使用移动设施进行沟通。

第二节　远程教育

一、网络教育的界定

网络教育（e-learning）即为了教育、培训和知识管理而进行的在线信息传递。这是一个基于网络的系统，只要人们需要知识，他们就可以随时随地获得。网络教育的形式多种多样，如虚拟教室、移动教学等。

维基百科将"网络教育"解释为"通过计算机提升教学的一种方法"。最简单的网络教育就是将 CD 光盘寄送给学生，让他们以多媒体互动的形式开展学习。或者，它也可以延伸为在学校里构建的"被管理的学习环境"，其中，学生可以与教授和同学充分交流，就像在教室里面对面授课一样。网络教育中使用的形式多种多样，例如，基于网络的教学资料和超媒体、多媒体的 CD 光盘、网络教学平台、讨论板、协同软件、电子邮件、博客、维客、聊天室、计算机辅助评价、教学动画、教学模拟、游戏、教学管理软件、电子投票系统等（有时结合使用不同的教学形式）。

网络教育的概念比在线学习（online learning）要宽泛一些，因为在线学习一般仅指基于网络的学习。由于可以将教学材料通过无线平台传递到学习者的手机和 PDA 上，于是出现了移动学习（m-learning）的概念。网络教育既是对学校教育的良好补充，也有助于公司有效地开展培训。

技术的进步，如模拟、虚拟世界、开源软件等，塑造了网络教育的新局面。快速发展的先进工具可以方便企业快速、便捷地创建网络教育的环境。e-learning-center.com 和 e-learningcenter.co.uk 是关于网络教育的两个综合网站，上面有视频资料和 PPT 资料。

二、网络教育的利弊分析

网络教育对教育机构和学习者都有诸多好处。但是，它也存在不少的问题，因此网络教育成为了一个有争议的话题。

（一）网络教育的好处

网络教育是一个十分理想的均衡器。它消除了时间、距离以及社会、经济地位的障碍，因此，它可以帮助人们自主地安排终身学习计划。在信息时代，技术和知识需要不断更新，以跟上当今快速发展的经济环境。网络教育可以帮助各组织和国家进行员工培训和公民教育，以快速适应互联网经济的需求。网络教育还可以帮助人们节省开支和往返时间，有更多机会接触专家学者；也可以使大批的学生同时参加课堂教学，让学生按需受教，自主规划学习。网络教育突破了时空的限制。由于互动的机会多了，学习也变得更有趣了。

网络教育还有如下一些好处：

（1）减少学习和培训的时间。网络教育使培训时间缩短了50％。

（2）增加学习者的人数和种类。网络教育可以向众多人同时开展培训，这些学习者的文化背景和受教育程度有差异，所处位置和区域也不同。

（3）教学创新。人们可以用各种创新的方法开展教学，例如个性化参与，与专家互动，与其他国家的学员互动等。

（4）对学习过程进行测量和评价。可以实时地对学习过程进行评价，发现学员面临的困难，设计补救的方法。

（5）降低成本。使用网络教育代替传统的课堂教学，可以使教学成本降低多达50％～70％。

（6）可自主决定学习进度，因此可以更多地复习。参加网络教育的学生一般都是自己决定学习进度，自我激励。他们求知的目的是开阔眼界或者提高职业技能，这样目的明确的学习方式使得他们复习已学知识的概率比传统以课程为导向的学习方式提高了25％～60％。

（7）学习内容丰富，质量高。使用视频资料和多媒体教学形式后，难学的内容也会变得有趣易学。指导者的水平提高了，教学质量自然也提高了。

（8）灵活自主的学习方式。参加远程学习的人可以根据自己的特点来调整学习的时间、地点、内容和速度。例如，他们可以根据需要复习所学的知识，而不会影响其他人的学习进度。这样，他们的学习进度就是个性化的。

（9）持续更新的、连续的学习资料。如果把知识印在书上，没有两三年不可能去更新，因为成本太高。但是，网络教育却能够实时更新教学内容。网络教育的知识传递的一致性比传统教学更高，因为它避免了教师的各自为政。

（10）利用移动设备学习。网络教育中融入无线网络和移动设备，学习者就能随时随地学习和解答问题。

（11）专家学识。在传统的教室里，学生只能接触到一个老师，但是在远程教学中，一门课可以由多个专家准备各自的模块，每个人负责自己学有专长的模块。

（12）轻松的学习环境。有些学员不适应课堂上面对面的小组讨论或课堂参与，他们害怕将自己不懂的东西告诉大家，网络教育就给他们创造了条件。在网络教育的环境里，学员的隐私得到保护，他们可以大胆地把自己的观点亮出来，但是又不会遭人取笑。这样，学员就比较愿意去复习学习过的内容，提高学习满意度。

曾经需要面对面辅导的传统教学现在可以在线进行，这样就可以跨越国界，将辅导工作安排在成本比较低廉的国家进行。

（二）网络教育的不足之处及面临的挑战

虽然网络教育能带来许多好处，但是它也有很多不足之处。

（1）教师需要进行再培训。有些教师不适应电子教学方式，需要接受再培训，而这是需要成本的。

（2）需要添置设备，提供支持服务。网络教育的启动、使用和维护都需要资金来购置多媒体工具，提供支持服务。

（3）减少校园生活和面对面的沟通。很多人认为，教室里学生与教师的"实时"沟通，以此得到的智力启蒙，并不能完全由网络教育来替代。

（4）难以进行教育测试与评价。在高等教育中，有人认为网络教育中教授无法对学生的作业进行完全的评价，因为难以保证学生是否真正完成了作业或是考试。

（5）难以对教学资料维护与更新。尽管与传统的纸质教材相比，网络教育使用的教学资料更容易更新，但是网络教育的材料更新依然有很多困难（例如更新的成本、教师的时间等）。因为人们版权意识薄弱，对网站内容也缺乏责任心，因此网络教育教材的维护也很困难。而且，网络教育中的教师也不可能像课堂教学那样向学生提供实时的知识信息。

（6）难以保护知识产权。很难控制网络平台上有知识版权的资料下载，而且代价也太高。

（7）缺乏计算机读写能力。网络教育不能覆盖到不具备计算机读写能力，或者没有条件上网的学生。

（8）难以让学生集中注意力。由于学生和教师之间缺乏互动，因此很难保证学生集中精力听讲，时间长了更是如此。

2010年，美国学者罗塞特（Rossett）等提出，企业开展网络教育的主要障碍有如下几个：①成本太高；②较难说服人们采用新的方法开展学习；③没有足够的技术支持；④学员参与社交网络的积极性不高；⑤建立网络培训系统（例如思科系统）的企业客户依然习惯于课堂教学的形式。

技术的进步或许可以克服上述缺陷。例如，有些网络教育软件具备激发人们学习的功能；利用生物识别技术能够对在家参加考试的学生进行身份识别，这样就克服了教学评价中遇到的困难。当然，这些技术的使用又提高了投入的成本。

从学员的角度来看，挑战来自于如何适应新的学习方法。他们必须摆脱课堂教学的束缚，认识到终身学习应该是生活的一部分，适应语音邮件和电子邮件的使用方法。从教师的角度来看，他们需要将所有的教学材料都进行数字化，而这是一项工作量很大的任务。

三、远程学习和虚拟大学

（一）远程学习（distance learning）或者远程教育（distance education）

远程学习是指在大学校园以外接受的正规教育，通常是在家里。这种教学形式是为不能与教学系统同步的学生而建立的，或者时间不同步，或者空间不同步。换言之，远程学习就是学生在教室外面得到相同的、最适合自己的受教育体验。有时，学生也会见面，目的是增强相互之间的了解或是参加考试。世界各地许多高校或者组织机构都在开展网络教育。随着技术的进步，远程学习这种形式越来越被人们所接受，因为它能提供个性化的帮助，还能与全球各地的学生进行沟通。业内引用最多的网络教育的理论是交互影响距离理论（transactional stance）。

远程学习的理论并不是新近才提出的。早在过去的几十年中，许多学校都在开展函授教育。一般认为，融入网络教育的新因素是计算机技术，特别是网络技术的运用，使得网络教育能够在网络平台上开展。Neal（2007）介绍了 Web 2.0 工具在高等网络教育中的作用，并就技术、课程内容和教学方法对网络教育的实施进行了调查。

（二）虚拟大学

虚拟大学（virtual university）的概念正在快速传播，它主要指学生在家或是其他场所通过互联网参加学习。全球几十个国家（如英国、以色列、泰国等）的几十万名学生都在参加虚拟大学的学习。许多实体的高等院校，如斯坦福大学等全球一流高校，都在采用各种形式开设网络教育课程。麻省理工大学将培养计划中的 1800 门课程都放到了网络上，每月都有 150 多万名学习者（学生、教授、自学者）登录这个开放课程网站。有些高校，如凤凰城大学（phoenix. edu）、加州虚拟校园（cvc. edu）、马里兰大学（umuc. edu/online ed. shtml）等，向全球各地的学生提供几十种学位、几百门课程的在线学习。网络上能够查询到各种网络教育的信息，例如网络教育资源及网络学院（distancelearn. about. com）、全球顶尖的在线 MBA 项目（onlinedegrees. com/Online-MBA-Degrees. html）、在线学习的比较平台（nexttag. com）等。

虚拟大学的形式使得高校可以在全球各地开设课程。此外，预计全球各地将出现一些合成学位，这样学生就可以按照自身的条件和兴趣，把几个高校的课程融合在一起，合并成一个学位课程。我们注意到，许多学校、行业都把网络教育看成传统课堂教学的补充。

四、社交网络及在线学习

社交网络一问世，就与在线学习结下了不解之缘，于是，社交学习（social learning）这一新的词汇就出现了，它指在使用社交软件工具学习而形成的社交网络中，开展学习、培训、知识共享等活动。良好的社交环境使得人们有机会在安全的在线环境下学习高科技知识，也使得学生或者公司员工都有机会与他人分享经验和体会。目前，有些企业正在使用社交网站开展员工培训和开发工作。

有些学生使用 Facebook、MySpace、Linkedln 等与其他的学员联系，他们可以在线上聚集在一起讨论问题。遗憾的是，这些网站常常堵塞，使得他们意外断线，难以集中精力学习。因此，有些用户开始寻找那些专门用于学习和讨论的社交网站。

有些社交网站（或者社区）专门从事在线学习和培训，例如 e-learning. co. uk. 2008 年，W15Connect 公司开发了一个 Web 2.0 网络平台，即 CommSocial，利用社交网站的独特优势建立了"网络社区"，提升了公司的商业价值。该公司还把社交网络的功能与学习管理系统的功能结合在一起，开发了 LearnSocial 网站。learn-hub. com 也是一个把社交网络用于学习的例子。Studycurve（studycurve. com）把社交网络与学习结合在一起，其使用者既有成年人，也有中学生。用户可以在线与专家互动，还能对专家的答疑工作进行评价。

Derven（2009）指出，社交网络技术有许多独特的功能，从而对学习产生了影响，包括：

（1）学习活动结束以后或开始以前，可以与学员联系。学员可以在上面组织讨论，也可以解决问题。

（2）鼓励下一代人参加学习。新一代及 21 世纪出生的员工能够非常娴熟地使用 Web 2.0 工具沟通和交流。机构可以接触、了解这些群体，并使用社交网络开展培训。

（3）在面对面授课前将学习的内容告知学员。这样做的结果是加快课堂进度。

（4）提供与新知识相关的学习资源的链接。

（5）对未来是否要组织培训等活动做出判断。

（6）持续并加强学习活动。

（7）可以对学员进行指导和帮助。

许多实体的高校都把在线学习和社交网络结合起来纳入自己的培养模式中。大批教授都开通了博客或者维客，用于辅助课堂教学。

Bingham and Conner（2010）指出，许多高校和企业现在都面临诸多挑战，如工作场所分散、学习方式各不相同（特别是不同时代的学员）等，并对社交媒体成为帮助各类组织应对挑战的灵丹妙药这一现象作出了解释。两位学者回应了把社交媒体作为培训工具的各种反对意见，并提出应该如何说服那些有抵触情绪的员工。他们举出德勤、IBM、TELUS 等公司的例子，帮助读者在众多可以使用的技术中选择适合自己的，并说明了什么时候怎样使用这项技术实现特定的战略目标。

五、在虚拟世界和 Second Life 中学习

人们在虚拟世界中，尤其是在 Second Life（SL）网站上，创造了各种各样有趣的学习方法。用户可以参与模拟教学、角色扮演、建筑项目及社交活动等活动。在虚拟世界里，学员可以探索古代文明、走进欧洲古堡或者漫游世界。了解这些场所，有助于学员提高写作能力，对社会和历史有更多的了解。

许多人认为，SL 及其他虚拟世界是开展学习项目的一个机会，因为距离和出行成本的限制，这在现实世界中是不可能的。也有的人认为，这对年轻人来说是一个学习的机会，因为大多数年轻人没有耐心进

行传统的学习和培训。虚拟世界可以提升学习的层次，改造旧的方法和模式，创造出新的教学法。因此，有人把 SL 当作通向未来的课堂。

虚拟世界中的学习有助于促进相互之间的协调合作。随着网络带宽的发展，在线游戏已经不仅仅是一种多人游戏，而是在互联网上进行的群体游戏，并且有些已经与教育融为一体。例如，如今的管理培训并不仅仅局限于使用学习软件，全球各地的学员可以利用社交网站的在线平台相互学习。从理论上说，未来的学习可以在诸如 SL 这样的网络环境中进行。不管是学习外语，还是学习团队建设、领导艺术，团队中学员之间的互动都是大有裨益的。据学生反映，他们在 SL 等社交网站上学到的知识比在传统教室里学到的还要多。

六、在线学习管理

学习管理系统（Learning Management System，LMS）包括行政管理软件、文档处理软件、跟踪软件、培训项目报告软件、在线课堂教学及活动软件、在线学习方案、培训资料等。Ellis（2009）指出，理想的在线学习管理系统应该具备如下功能：

（1）自动化、集中化管理。

（2）能够开展自我服务或是指导下的自我服务。

（3）能够迅速地汇总并分发学习资料。

（4）可以在网络平台上分级开展各种培训活动。

（5）支持流动化和标准化教学。

（6）学习内容个性化，信息可以重复利用。

许多企业（如 Saba、Sum Total）提供在线学习和管理相关的指导方法、硬件、软件和咨询。请参阅 Clovin-Clark and Mayer（2008）及 Wagner（2008）。

七、在线学习和在线培训的实施

每个行业都有一个叫做学习中心（learning center）的机构，它负责企业中所有的培训及学习活动，包括网络在线学习，甚至有些企业的学习中心只负责在线培训。但是也有很多企业把在线培训和离线培训结合在一起。如今，越来越多的企业采用在线学习的形式对员工进行技能培训，这其中也包括管理技能。

第三节　协同商务

一、协同商务的含义

协同商务理论的原型主要来源于 20 世纪末的"虚拟企业"。虚拟企业理论主要是指，将企业的各个商务处理过程进行电子化，用信息技术来搭建一个全新的企业组织，这个组织不但将企业内部的资源进行有效的整合，而且实现一个跨企业的合作，实现一个动态的企业运行模式，而跨企业的运营模式也迅速地在全球蔓延。随着这个观点不断演化，协同商务概念也就出现了。

协同商务（Collaborative Commerce，CC）的思想最早由 Gartner Group 在 1999 年提出。Gartner Group 对协同商务的定义是："协同商务是指将具有共同商业利益的合作伙伴整合起来，主要是通过对整个商业周期中的信息进行共享，实现和满足不断增长的客户需求，同时也满足企业本身的能力。通过对各个合作伙伴的竞争优势的整合，共同创造和获取最大的商业价值以及提高获利能力。"

协同商务是一种供应链管理思想，协同商务意味着不仅要将企业内部各部门联系起来，而且要将企业的合作伙伴、供应商、分销商和零售商甚至终端客户联系起来，统一计划和数据模式，形成动态联盟和协同。所有供应链成员在统一计划的运作下，进行产品的协同开发和物料的协同采购、生产、分销与交付。供应链上的各成员尤其是企业和供应商之间要形成以订单为中心的战略合作伙伴关系，实现供应链中所有企业的信息共享及业务协作，达成互动、公平、双赢的局面。

二、协同商务的要素

协同商务（collaborative commerce，c-commerce）指的是在线利用数

字技术使企业协同完成产品计划、设计、开发、管理、调研、服务以及对电子商务应用创新等工作。一个典型的例子就是制造商通过网络与供应商进行协同合作，供应商为制造商设计产品或是某件产品的零部件。协同商务意味着沟通，信息分享，利用各种信息工具，如组件、博客、维客以及专为电子商务设计的协同工具，开展网络协同规划。在供应链中，协同商务带来的好处主要是降低成本、增加收入、加快商品流动和更好地维护客户等，其原因是缺货现象减少，订单处理时间更加从容，库存量下降，原材料成本降低，销量提高，从而竞争优势明显。

三、协同商务的流程

情况不同，协同商务的内容和流程也是不同的。例如，在很多情况下，协同包括制造商沿着供应链的上下游与供货商、设计人员、各种商业伙伴以及客户（有时还要加上政府机构）的合作。图 4-1 显示的是协同商务中的各个要素。需要注意的是，协同是基于企业对网络平台上内外部的可视数据的分析而存在的。图 4-1 的左侧表示协同商务的循环流程。参与协同循环的各方既可以利用已有的信息，也可以在参与者之间通过互动获取信息。协同商务的各项要素可以通过不同方式进行组合，商务协同中心就是其中的一种。

四、协同商务的作用

（一）协同的信息管理

对于相当一部分企业来说，财务管理、人力资源管理、项目管理、客户关系管理、物流管理等各种软件已经普遍使用，信息化的内部要素（包括 ERP、CRM、SCM、OA、网上门户、电子支付系统和物流配送系统等）已基本建成。但是，这些要素仍未被集成起来，每一个信息系统都是孤立的，这样就使企业的信息化出现了很多新的问题，如信息膨胀、信息孤岛、信息非结构化等。协同商务系统突破现有软件将企业各数据封存在不同的数据库和应用平台上而造成企业实际信息应用所面对的难题，采用中央数据库管理企业信息，数据可以通过任何与其相关的应用更新或被提取。从应用层面上来看，协同商务将所有的信息进行全面的整合，信息与信息之间无阻碍链接，用户可以从信息归结的友好界面入口进行大范围和深度的信息提取，而完全无须在不同的数据库和应用平台之间切换。从管理层面上看，它基于企业资源网状管理体系的思想，从任何一个信息点都可以非常方便地提取出所有与其相关的信息，所有的信息和应用都是多维的、立体化的、强相关联的。

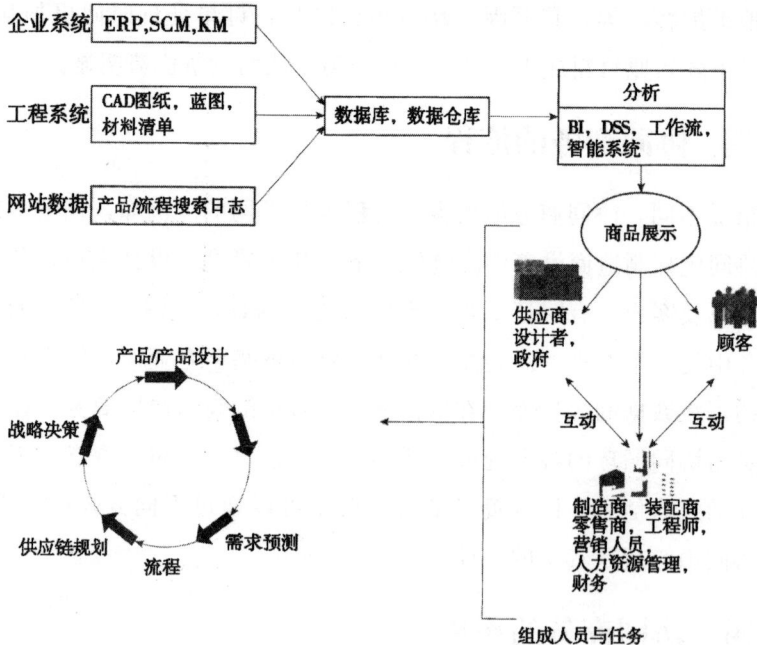

图 4-1　协同商务的要素和流程

（二）协同的业务管理

在实际工作中，企业任何一个部门或个人的工作所影响到的因素是方方面面的。只有让这些变化的因素在系统中实时地更新并体现，才能实现真正意义上的业务协同化管理。例如，销售部门的销售工作涉及客户的回馈或订单、采购部门的采购、财务部门的应收、应付账款、人力资源部门对相应人员的绩效考核、管理层对企业整体运营的分析等。协同业务管理需要所涉及的相关点及时地对变化的因素做出反应。协同商务最重要的是实现了业务管理上的协同，从应用的层面看，它以部门之间、跨部门以及企业内部与外部的工作流程带动知识信息流、物流、资金流等在企业内外的无障碍流动，并完成相关数据库的更新。对于系统本身，任何一个模块都可以被看作系统应用层面上的核心，其他所有的模块都围绕它工作，共同完成它所要求的相关应用。从管理的层面上看，由于它基于资源协同的思想设计，实现的是"以点带面"和"协同运作"，任何一个因素的变化都会在系统中的相关点反映出来，并通过协同商务平台提供给企业各部门以及企业的外部资源，从而使业务过程达到高效、协作的目的。

（三）商业智能

协同商务不仅是信息的载体，更是信息的分析工具。通过对数据的加工和转换，提供基本查询、报表和智能分析的一系列工具，并以各种形象的方式展现，为企业考察运营情况、业绩表现，分析当前问题所在和未来的发展趋势，展开商业策略，调整产品结构、分销渠道、工作流程和服务方式等提供决策支持。

（四）支持企业发展和业务流程调整

企业的组织结构、人力资源构成、工作流模式会随着企业内部和外部环境的变化而变化，协同商务系统具有良好的可扩展性和强大的自定义功能，以适应组织结构和业务流程调整的需要，而无须进行最底层的开发，大大提高了系统的灵活性和适用性。

五、商务协同中心

协同商务中最常见的形式是供应链成员经常使用的商务协同中心。商务协同中心（collaboration hub，c-hub）是电子市场的中央控制区，一个商务协同中心代表一家电子市场，包括多个协同场所，供商务伙伴利用协同软件工具与协同中心交换数据。

协同商务活动一般是在供应链成员之间进行的。协同商务的形式也是多种多样的，有协同设计，也有市场需求协同预测。组织中的各个部门内部以及部门之间都可以开展协同合作。例如，利用协同平台，公司的总部可以与分公司协同合作，特许权授予方也可以与被授权方协同合作。协同平台可以在全球范围内提供各种服务，例如电子邮件、留言板、聊天室、在线数据读取等，并且不受时区限制。

第四节　C2C电子商务发展模式

C2C电子商务，即消费者对消费者的电子商务，是消费者与消费者之间通过互联网进行的个人交易，如二手交易、网上拍卖等。

一、C2C电子商务的优势

（一）较低的交易成本

C2C电子商务通过减少交易环节使得交易成本更低。C2C电子商务以互联网为交易平台，与传统商务活动的通信方式如邮寄、传真或报纸等相比较，大大降低了通信费用。同时，在C2C电子商务模式下，由各个卖家保存商品，从而最大限度地降低了库存。

（二）经营规模不受限制

C2C电子商务利用互联网提供的虚拟经营环境，可以轻松地通过增加网页来扩大其经营规模。

（三）便捷的信息收集

基于互联网的电子信息技术使得C2C电子商务中买卖双方易于获知对方信息，这一点是传统的消费者市场所无法比拟的。

（四）扩大销售范围

C2C电子商务是基于互联网的商业模式，所面对的客户遍布全国，甚至全世界。与传统的二手市场相比，无疑扩大了销售范围。此外，其营运时间不受限制，方便了买卖双方之间的联系。

综上所述，C2C 电子商务模式为消费者提供了便利与实惠，迅速成为电子商务普及与发展的重要形式，具有广阔的市场前景与发展潜力。在 C2C 电子商务的发展过程中，盈利模式也在不断探索和创新。国内目前发展较好的 C2C 网站主要有淘宝网、易趣、拍拍网、有啊网等。

二、C2C 电子商务的交易流程

下面以淘宝网为例，说明 C2C 电子商务的交易流程。淘宝网采用会员制，因此，无论是买家还是卖家都需要在淘宝网上进行注册。

（一）买家交易流程

买家交易流程包括以下几个环节。

（1）搜索、浏览商品。买家可以利用淘宝网提供的关键词搜索、类目搜索和高级搜索等方式，搜索所需商品和店铺，并可以对感兴趣的商品进行收藏。与此同时，买家还可以利用淘宝旺旺、站内信件、E-mail 等多种工具与卖家就交易条件进行协商。

（2）购买商品。买家在淘宝网上找到所需商品后，可以单击"立即购买"，进入"确认购买信息"页面，输入购买数量、选择送货方式、选择收货地址，核对信息无误后，确认购买。

（3）付款。在买家确认购买后，即进入支付页面。买家可以利用淘宝网提供的第三方支付平台——支付宝的账户余额进行付款，也可以利用网上银行付款。买家付款后，等待卖家发货。

（4）收货、评价。买家收到货物并确认无误后，可单击"确认收货"按钮，同时，在支付交易管理页面，将货款由支付宝转入卖家账户。交易完成后，买家可以就卖家的产品、服务质量等对卖家进行评价，评价记录将计入卖家信用等级。

（二）卖家交易流程

卖家交易流程包括以下几个环节。

（1）开设店铺并发布商品。通过支付宝实名认证后的卖家可以在淘宝网上发布欲出售的商品。卖家可以选择以一口价或者拍卖的方式出售商品。卖家需要提供商品的基本信息，包括商品的标题、图片、类别、价格、数量、送货方式、运费等。同时可登录"我的淘宝"中"我是卖家"的"免费开店"页面进行店铺开设操作。卖家可以利用淘宝网提供的店铺模板对店铺进行装修。所有操作完成后，卖家就会拥有属于自己的淘宝店铺和相应的地址。

（2）发货。商品销售后，在收到支付宝提示的"买家已付款"的信息后，卖家可按照买家要求的送货方式将商品寄送到买家提供的地址，并将发货情况告知买家。

（3）收款及评价。在买家收到商品并付款成功后，卖家的支付宝账户会收到买家支付的货款。交易完成后，卖家可以就买家的付款情况对买家进行评价，评价信息将计入买家的信用等级。

（4）提现。卖家可以在支付宝账户管理中进行提现操作，将支付宝账户中的资金转到卖家指定的银行账户中。

第五节　农村电子商务发展模式

一、我国农村电子商务发展应用模式

电子商务一般的交易过程大致可以分为交易前的准备、交易谈判和签订合同、办理交易前的手续以及交易合同的履行和索赔四个阶段。我国农业电子商务活动领域中，电子商务的应用多处于初级阶段。商务活动的信息流已经比较多地采用电子化的方式进行，而在物流和资金流方面的电子化应用还处在初级阶段。

按照交易的商品进行划分，我国农业电子商务可以划分为农业信息交易类电子商务和农产品交易类电子商务两大类。

（一）农业信息交易类电子商务

1. 信息联盟服务商务模式

农业信息具有季节性、地域性和综合性的特点。季节性指的是农业生产具有较强的季节性，因此信息服务必须要有时间观念；地域性指的是由于我国各地气候、土壤等自然条件存在差异，农作物种植方式、品种分布均呈现地域性分布，因此信息服务要具有地域性；综合性指农业信息涉及许多方面、许多领域，包括政务信息（政策法规、政务通告等）、商务信息（价格信息、市场行情等）、文化生活信息、劳务信息、种子信息、化肥信息、农药信息、农机信息等，因此信息服务要具有全面性。

2. 农民信息服务商务模式

这是投资建立农业电子商务网站最先想到的模式。农业电子商务网站的建立，在一定程度上满足了农民的信息需求，特别是像广农网的建立，使得农民能够了解更多的市场信息，并利用网络来销售农产品，给广大农民带来的是不可预料的销售机会，增加了农民的收入，因此受到了农民的欢迎。

（1）短信商务模式（如中移动农信通）。农民信息短信商务模式伴随着现代网络信息技术的发展而出现，主客体包括信息内容提供商（ICP）、网络服务提供商（ISP）和手机客户（即农民或广大涉农生产经营者）。目前，这种模式在我国许多地方广泛运行，如安徽农网和安徽移动通信公司联合开展此项业务。这种模式的优点是：能充分利用现代网络信息技术和无线通信技术，可服务内容丰富，直接面向农民，减少了中间环节，效率较高，投入较小，产出效益较大。缺点是：没有得到很好的推广，了解的人不多，由于收费问题农民接受还需要一个过程；操作的难易度、信息的分类标准和农民手机的持有量也是制约其发展的一个大的因素。从我国短信的发展历史来看，这种服务模式蕴藏着巨大的商机，目前主要应在信息分类、信息标准等方面下工夫，让农民自主点发，完善个性化服务。

（2）农村经纪人商务模式（如农村经纪人网）。我国农村经纪人在农业经济活动中非常活跃，在传播信息、促进农产品流通方面起到不可估量的作用。农村经纪人一般具有接受新事物快、交流广泛、熟悉市场、了解政策、具有一定的经济能力等特点，他们对信息的需求比普通农民要强烈、执着，也有能力为获取有价值的信息支付一定的费用。可以预计，农村经纪人将是农业信息服务的主要对象。

（3）会员商务模式。会员商务模式主要是农业网站面向广大的农村市场，建立网站会员制度，吸引农村经济组织、经纪人和农民积极参与。要创造机会，让会员得到实惠。将会员的积极性调动起来，他们必然会积极、主动地和涉农相关部门合作，想方设法通过各种渠道获取农业信息内容，而且会验证这些信息的真伪，对客户负责。急需这些信息的客户们只需花很少的钱就能获得全部信息内容，从而获利，实现双赢。会员在得到信息的同时，也为网站带来源源不断的信息流并创造无限商机。

3. 企业信息服务商务模式

按各类行业分类发布最新动态信息，会员还可以分类订阅最新信息，直接通过电子邮件接受。这些项目为用户提供了充满现代商业气息、丰富实用的信息，构成农业网站商务的主体。其中也可以细分为以下两种模式。

（1）农产品加工及贸易企业的信息服务商务模式。我国农产品加工及贸易企业绝大多数是中小企业，数量庞大，分布在城市边缘或广大的乡村，由于信息闭塞，无法及时掌握供求方面的信息，因此，企业渴望从网上获得农产品供求信息。我国农业生产存在规模小、销售渠道不畅，甚至有些地方的农产品存在卖不出去的问题。农业网站必须成为供需双方之间的一个信息桥梁，让农产品能够迅速找到买家，让农产品加工和贸易企业迅速找到所需的农产品，这样才能赢得企业、农民对农业网站市场信息的依赖，在此基础上进一步发展网上贸易。

（2）农用生产资料企业的信息服务商务模式。农业生产需要大量的生产资料，如化肥、农药、种子等。这些企业的产品面向广阔的农村市场，在市场推广、产品销售方面花费了大量的人力、物力，在电视、广播、报刊、乡村墙壁等发布大量的广告，花费巨大，但往往效果不一定很好。农业网站可以利用多媒体信息技术，面向广大农民，为这类企业发布广告、通过邮件发往网站的农村会员。由于农业网站的服务主体是农民，利用这种形式发布广告，直接面对需求者，具有非常强的针对性。

4. 综合服务商务模式

上述前三种模式主要是提供服务，不涉及物流。而综合服务模式是以信息流为先导，结合物流的一种商务模式。任何一种商务模式，要么提供服务，要么提供产品，或者两者兼之。综合服务模式的核心内容是信息流和物流相结合，利用企业传统的物流系统，加上农业网站先进的信息流系统，组成商业联盟，网站会员购买联盟企业的产品实行优惠加积分制，每年根据积分多少，给予会员一定的报酬。

（二）农产品交易类电子商务

1. 阿里巴巴电子商务平台农产品电子商务

阿里巴巴作为全球企业间电子商务公司，是目前全球最大的网络贸易市场之一。具体到农产品的电子商务设计 B2B 和 B2C，不论从信息的发布、寻找相关客户以及相关贸易服务，贸易通、诚信通都提供了比较细致、到位的服务。

2. 中粮集团——中粮我买网

中粮集团（COFCO）是中国领先的农产品、食品领域多元化产品和服务供应商，中粮我买网是由世界 500 强企业中粮集团有限公司于2009 年投资创办的食品类 B2C 电子商务网站。中粮我买网坚持以让更多的用户享受到更便捷的购物、吃上更放心的食品为使命，致力于打造中国最大、最安全的食品购物网站。

二、我国农村电子商务发展主要特征

（一）农村信息化基础设施有待加强

由于政府财力、物力有限，加上农业本身缺少投资的积极性，导致即使有条件开展农业电子商务的地区，农业网站所占的比例也极小。

（二）农民对电子商务的认识有待提高

受文化程度的制约，农民仍保持传统的"眼看""手摸""耳听""口尝"的交易习惯，认为电子商务虚无缥缈，可信度值得怀疑。

（三）农业产业化水平低

目前，我国农业生产多以农户为单位，难以形成大规模生产，生产的盲目性较高，不能适应市场需求。在这种"包产到户"的现实条件下，很难实现农业产业化，力量难以集中，无法形成适应电子商务的科技力量。

（四）农业电子商务缺乏大型实用数据库

由于农业生产的特征，所涉及的信息关系到自然环境和社会经济发展，再加上我国幅员辽阔，地区差异很大，原有的基础工作比较薄弱，近几年才比较正规地进行大型数据库的建立。

（五）农业电子商务缺乏健全的物流配送体系

农业物流配送需求属于多点次，农产品种类繁多、生产单位小，在保鲜、运输、后续处理上较为困难，这使物流环节的难度增大。

第六节　移动商务与社交商务

一、移动商务

（一）移动商务内涵

1. 移动商务的概述

移动电子商务（Mobile-Commerce）是由电子商务（E-Commerce）的概念衍生出来的。电子商务以 PC 机为主要界面，是"有线的电子商务"；而移动电子商务，则是通过手机、PDA（个人数字助理）这些可以装在口袋里的终端参与交易活动的。与传统通过电脑（台式 PC、笔记本电脑）平台开展的电子商务相比，移动电子商务拥有更为广泛的用户基础。截至 2016 年 6 月，我国手机网民规模达 6.56 亿，网民中使用手机上网的人群占比由 2015 年底的 90.1％提升至 92.5％，仅通过手机上网的网民占比达到 24.5％，成为第一大上网终端设备。与此同时，网民利用手机开展电子商务交易活动的使用率在快速增长，从而展现出移动电子商务广阔的市场前景。

2．移动商务的分类

（1）移动电子商务的不同分类。根据移动电子商务不同因素的分析，移动电子商务的类别可以从以下四个方面考虑。

1）终端类型：按照交易连接网络所使用的终端，可以分为通过手机、上网本和其他移动设备连接。

2）交易平台：按照交易所依赖的电子商务交易平台，可以分为 B2B、B2C、C2C 等类型。

3）应用网络：依据交易所借助的通信网络类型，可以分为 2G（2.5G）、3G 和 4G 网络，WiFi 和 WAPI 网络等。

4）购买商品或服务：依据交易客体的类别，可以分为购物类、服务类、娱乐类、金融类等多种业务类型。

（2）移动电子商务的主要业务领域。移动电子商务的主要业务可以分为五类：银行、贸易、订购票、购物和娱乐业（主要是游戏和博彩业）。

1）银行。在移动电子商务中，银行服务的概念是电子银行概念的扩展，它允许消费者使用数字签名和认证来完成以下功能：管理个人账户信息、银行账户或预付账户的资金转移、接收有关银行信息和支付到期等的报警、处理电子支票支付等。

2）贸易。贸易和中介应用一般都传递一些实时变化的动态信息，如股票指数、有价证券信息、海关通关通知，以及使用电子签名验证贸易订单等。

3）订购票。订购票业务主要包括订票、购票、支付和开收据等。这些应用可以用在多种领域，如航空、铁路、公路、收费站、影剧院、体育比赛、公园等。

4）购物。在移动电子商务中，购物主要是指通过移动电话完成网络购物。也就是说，通过移动电话完成网上商店的订货、支付、购买物理商品和服务等业务。另一个可能的购物业务是在真正的商场里对商品的支付进行确认，如在商场里用户直接与收银员或销售机交互操作。

3. 移动商务的属性

一般来说，电子商务的各种应用在移动商务中都有体现。例如，在线购物、网络银行、网络股票交易、网络娱乐、在线赌博等，在B2C 移动商务中都有应用。在线拍卖网站如今也开设了移动平台，例如在拍卖期限快到的时候用短信通知竞拍者，还有移动政务、B2B 电子商务中的无线协同商务等。有些网络属性仅适用于移动环境。例如：

（1）广泛性。广泛性指的是随时随地的应用。有些无线移动设备（例如 iPhone、iPad 等）随时都可以用来传送信息，不受时空的限制（当然前提条件是有网络的存在）。广泛性保证了信息的实时读取，这在如今充满竞争的商务市场中显得尤为重要。

（2）便捷性。在无线环境中，移动商务会使网络用户感到极其便利。虽然移动设备的功能和可用性越来越强大，但是其大小并没有因此而变大。不像传统的台式机，移动设备是便携式的，可以嵌入各种各样的显示器中，并且它的网络连接速度都很快（例如，不像传统的台式机需要很长的启动时间）。因此，用户通过移动设备可以很快连接到互联网、内联网或是与其他的移动设备和在线数据库连接。

（3）互动性。与传统的台式机环境相比，移动设备增强了交易、沟通、服务中的互动性。有些商务活动或是客户支持需要很强的互动性，此时客户会在移动商务中获得更多的价值增值。

（4）个性化。移动设备是真正意义上的个性化计算设备。如果是家里、图书馆、办公室、网吧有一台电脑，一般来说都是共享的，而移动设备则几乎是持有者独享的。这就保证了消费的个性化。信息、产品和服务等都可以按照用户的个性化需求来设计。例如，计划出行或是正在旅途中的消费者可以随时随地获取其所需要的旅游信息。

（5）定位。如果要向用户发送实时的信息，特别是广告或是相关服务，就有必要知道该用户的位置。这样的服务就称为定位移动商务。定位有时是面向群体的，例如购物中心里的所有客户，也有的是针对个人的，例如具体了解该用户的位置和偏好。这就把定位和个性化联系在一起。

移动运营商在激烈的市场上具有自己的差异化优势，因为它们借助移动商务的特征，能够向客户提供新的、吸引人的、有更多帮助的服务。移动商务的增值特征使得运营商提供的服务更有价值。

（二）移动商务的相关技术

移动互联网技术的发展支撑着移动电子商务的进程。无线应用协议（WAP）、通用分组无线业务（GPRS）、移动 IP 技术、蓝牙技术、移动定位系统技术、第三代移动通信技术（3G）和第四代移动通信技术（4G）都对移动电子商务的发展产生了巨大的影响。

1. 无线应用协议（WAP）

WAP（Wireless Application Protocol）技术是移动终端访问无线信息服务的全球主要标准，也是实现移动数据以及增值业务的技术基础。WAP 协议定义了一种移动通信终端连接互联网的标准方式，提供了一套统一、开放的技术平台，使移动设备可以方便地访问以统一的内容格式表示的互联网及互联网的信息。它是目前大多数移动通信终端和设备制造商及部分无线通信服务商、基础设施提供商普遍采用的统一标准。

相对来说，WAP 有比较成熟的统一的技术平台，用户可以通过常用的移动设备访问 Internet 或企业内部网信息和享受其中的服务，而且 WAP 提供了应用开发和运行的环境，支持目前各种嵌入式操作系统，并且可以支持目前绝大多数的无线设备。

2. 通用分组无线业务（GPRS）

GPRS（General Packet Radio Service）突破了 GSM 网只能提供电路交换的思维定式，将分组交换模式引入到 GSM 网络中，被称为2.5 代移动通信，是移动通信网络技术向 3G 技术演进的主流技术。

GPRS 把分组交换模式引入到 GSM 网络中，通过对相应功能实体的增加和改造现有的基站系统来实现分组交换，大大提高了资源的利用率，特别适用于频繁传送的小数据量业务，但是其传输速率比较低，并且有转接时延。

3. 移动 IP 技术

移动 IP 通过在网络层改变 IP 协议，从而实现移动计算机在

Internet 中的无缝漫游。移动 IP 技术使得节点在从一条链路切换到另一条链路上时无须改变它的 IP 地址，也不必中断正在进行的通信。移动 IP 技术在一定程度上能够很好地支持移动电子商务的应用。

通过主地址和转交地址实现网络漫游，因此具有很好的可移动性，但是在解决最优路径上没有很好的方法，另外安全性和功耗问题以及移动 IP 协议运行时的三角路径问题没有得到很好的解决。

4."蓝牙"（Bluetooth）技术

Bluetooth 是由爱立信、IBM、诺基亚、英特尔和东芝共同推出的一项短程无线连接标准，旨在取代有线连接，实现数字设备间的无线互联，以便确保大多数常见的计算机和通信设备之间可以方便地进行通信。"蓝牙"作为一种低成本、低功率、小范围的无线通信技术，可以使移动电话、个人电脑、个人数字助理（PDA）、便携式电脑、打印机及其他计算机设备在短距离内无须线缆即可进行通信。

5. 第三代移动通信系统（3G）

第三代移动通信（3G，The 3rd Generation Mobile Communication）包括一组支持无线网络的宽带语音、数据和多媒体通信的标准，对应于互联网的物理层和网络链路层。

第三代移动通信的技术特点如下：

（1）有多种速率支持，不论是话音、分组数据还是多媒体业务。

（2）可以覆盖全球，无缝漫游。

（3）高频谱效率，具有长话的音质质量。

（4）成本低，功耗小，保密性良好，但是标准不统一，技术相对复杂，导致过渡缓慢。

6. 基于 WiFi 的无线宽带技术

WiFi 是无线保真（Wireless Fidelity）的缩写，是一种可以将个人电脑、手持设备（如 PDA、手机）等终端以无线方式互相连接的技术，目的是改善基于 IEEE 802.11 系列标准的无线网络产品之间的互通性。WiFi 是一个高频无线电信号，几乎所有智能手机、平板电脑和笔记本电脑都支持无线保真上网，是当今使用最广的一种无线网络传输技术。

（三）移动商务的新动向

1. 移动购物入口多样化

现阶段，移动购物对 PC 端购物产生了一定的影响，而移动购物的入口也在悄然发生着变化。除了传统的站内搜索、通用搜索（如百度等）等方式外，二维码、移动社交产品也成为了用户选择移动购物入口的方式。

根据 iCTR 的在线调研数据显示，目前移动购物入口主要分为三大类。第一类，与 PC 端的网络购物类似，一方面，搜索（包括站内搜索和通用搜索）依然是用户移动购物时查找商品的主要方式，另一方面，首页推荐及分类浏览、折扣类及返利类网站查找也是用户较常使用的方式。第二类，二维码作为连通移动购物线上线下的重要应用，目前仅占到被访网民的 13.2%。iCTR 分析认为，二维码的安全性依然是用户使用时考虑的核心因素，如果未来加大二维码的监管力度，降低其使用的安全隐患，二维码在移动购物的发展中还将起到更重要的作用。第三类，移动社交。在移动社交产品中，根据 iCTR 的在线调研数据显示，"分享购物类"产品成为用户选择比例最高的项目，而在此阶段，微信、微博作为移动购物入口的作用还不太明显。

2. 移动金融发展迅猛

在移动电商领域，除了移动购物外，移动金融也在快速成长。2013 年 6 月 13 日，在支付宝推出余额宝后，余额宝的用户规模及基金规模，都实现了快速的突破。@ SmartClick 监测数据显示，余额宝推出后，支付宝的页面流量有了一个显著的提升。而 iCTR 的在线调研数据显示，40%的用户曾经在移动端购买过金融产品，41%的用户主要是通过移动端来查看收益。iCTR 分析认为，未来在国家政策利好的情况下，互联网金融以及移动金融还将继续保持蓬勃发展态势。

3. 移动商务加快向消费服务领域渗透

2017 年滴滴出行共覆盖了全国 400 多个城市的约 4.5 人口，全年累计提供 74.3 亿次出行服务，其中并不包括单车及车主服务。滴滴全年免费为出租车司机链接了超过 11 亿次出行需求，滴滴顺风车和快车服务累计分享座位超过 10.5 亿次。其中 74.3 亿次的叫车服务平均到全国人民中，就相当于每人用滴滴享受了 5 次叫车服务。

"码上淘"是阿里巴巴集团 2014 年重要战略业务，利用码的不同业务场景服务消费者。第一期"码上淘"战略，已开放商家合作运营的有商品码（商品条形码）、服务码（店铺包裹码）、码上店（门店码）、互动码（品牌活动码）、媒体码（媒体渠道码营销）五大业务场景。"码"从此不再只有单一名片的功能，还将连接更多的内容和服务，最终实现人和人、人和信息、人和物的无缝连接。

通过手机淘宝扫描条形码，借助阿里巴巴海量的商品库体系，我们可以精准地定位到具体的商品，同时可以为消费者展现商品在线上的真实评价，通过聚合的内容为消费者提供最大的商品百科。用户扫码即可获得产品的电子说明书，省去烦琐的纸质说明。通过手机淘宝扫描媒体码，就能直接进入商家旗舰店铺或商品页面，了解商品详情，方便了消费者购买。通过印在商品上的互动码（注意，互动码是二维码，区别于百科码的条码），消费者可以用手机淘宝扫描进入品牌为他们量身定做的互动体验。在货架不好找的时候，只要在入店前扫描"码上店"，就能清楚地了解新款上架、促销活动以及会员优惠情况，消费者喜欢的商品随时可以在线收藏，对产品信息做到真正的了如指掌。

（四）移动商务的营销策略

1. 创造"移动"需求

在购物方面，需要筛选适应移动电子商务的产品。例如，日用品，其金额较小，但用量较大，需要经常购买，手机可以提供很方便的途径。而 O2O 的形式，又使得线上购买、线下取货变得非常方便。农村、边远地区通信条件较差，对移动购物的需求更迫切。在数字产品领域，趣味性、交互式、视频类、阅读类的产品具有巨大的发展潜力，但有关的产品还需要企业和商家不断地思考、调查和开发。

在服务产品领域，可以涉及很多行业，交通旅游、住宿餐饮、娱乐、缴费、金融、证券、保险等。相对于购物，购买服务产品要求更快、更及时，而这恰恰是移动电子商务最突出的特点。

2. 突出"移动"特点

移动电子商务有其自身的特点，抓住这些特点才能有效地开展网上交易。图 4-2 显示了移动电子商务的移动性和直接性两大特点及由此而产生的利润增长点。

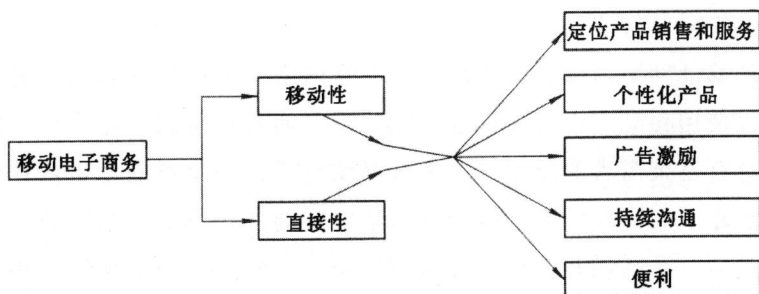

图 4-2　移动电子商务的特点及由此而产生的利润增长点

移动性是移动电子商务服务的本质特征。无线移动网络及手持设备的使用，使得移动电子商务具备许多传统电子商务所不具备的"移动"优势，导致很多与位置相关、带有流动性质的服务成为迅速发展的业务。例如，移动金融使得移动设备演变成为一种业务工具，代替了银行、ATM 和信用卡，成为一种强有力的金融媒介。利用移动金融工具，用户不再为携带大量现金而恐惧，也不再为找不到银行或 ATM 而烦恼。用户可以在任何地方、任何时候购买自己所需要的物品，并即时提供支付。而移动电子商务在股票交易上的应用更是体现了其移动性的优势。

3. 加强"移动"宣传

从理论上说，移动广告具有与一般网络广告类似的特点，它具有很好的交互性、可测量性和可跟踪性。同时，移动广告还可以提供特定地理区域的、直接的、个性化的广告定向发布。因此，移动广告具有许多新的网络直销方式和创收方式。传统广告是单向的，用户不喜欢观看或收听，可以略过这些信息；网络广告具有一定的强迫性，跳出广告可以在浏览网页的同时强制性跳出。而移动设备接收信息的形式使得用户不得不阅读所收到的信息并加以清除。这就为营销人员提供了获得用户注意力的新方法，并且提供了管理客户关系和建立顾客忠诚度的新方法。

移动广告可以提供非常有针对性的广告服务。撰写精彩的移动广告软文①可以给用户带来丰富的知识和极大的乐趣。利用移动广告还可以收集大量的商务信息，这些信息包括用户历史消费记录、用户的位置信息、用户正在进行的活动等。移动广告可以广泛地应用于购物、餐饮、娱乐等行业。

从移动网络运营商的角度看，面临网络竞争威胁的移动运营商不仅可以使用移动广告留住重要的老用户，而且也可以使用这些方案来吸引具有复杂需求的新用户。未来移动电子商务市场的竞争将日趋激烈。现在不仅许多厂商纷纷推出移动电子商务的解决方案，而且有些国家的运营商已经开始提供许多增值服务。随着竞争的加剧，移动网络运营商市场将重新洗牌，新用户群将成为各运营商争夺的焦点。

从广告的角度来说，其价值是由对目标用户的覆盖面和精准度决定的。传统媒体覆盖面广，但因为缺乏对目标受众的全面跟踪，很难做到精准投放。但手机应用一旦形成了一定的覆盖面，由于其良好的互动性和对用户行为可跟踪的特性，自然可以对其目标用户形成深入了解。因此在未来，有一定规模、有明确的目标用户的应用，很容易在业务内部植入其目标用户群需要的产品广告和产品促销，也就很容易形成对某些对口产品的效率有很高的销售渠道。

4. 发挥手机的聚群优势

随着微信的兴起，借助于手机身份的唯一性和随身性的优势，很容易凝聚有相同需求的人群，较好地解决有相同需求的用户群的规模问题，形成新型团购的基础。比如，利用微信通知聚餐已经成为中青年常用的一种便捷的方式。更进一步地，因为大家需求相同，以共同需求为基础、以好友关系为信用的相互交易的 C2C 业务也有很大的空间。

---

① "软文"一词是近年来出现的新语汇，与英文"Advertorial"比较接近。西方传播界认为，Advertorial（付费文章）＝ Advertisement（广告）＋Editorial（社论/专文）。国外媒体通常会在刊登 Advertorial 的版面上注明"Advertisement"。国内多数媒体把软文看做是一种特殊的广告文案表现形式，它以灵活的文体形式和短小精悍的语言风格传播、介绍产品的性能和作用。广告软文信息量大，费用低廉，因而近年来越来越受到众多企业的关注和偏爱。

（五）移动商务的实施问题：安全问题、隐私问题、移动商务面临的障碍

移动商务将在很大程度上改变企业的经营模式，但是，移动商务也面临诸多障碍。这些障碍影响了移动商务的普及，也使得移动商务企业及其客户疑虑重重。企业开展移动商务的主要障碍表现在如下几个方面：安全问题、绩效问题、可行性问题。成本—效益问题、战略问题、与传统的信息技术的融合问题、应用的客户专门化问题。本节将探讨其中的一些问题，主要是移动通信及移动计算系统中的安全问题。

1. 移动商务中的安全问题及隐私保护问题

2004 年，手机中首次出现了 Cabir 病毒。这种蠕虫病毒以 caribe.sis 为文件名侵入到手机短信的收件箱中。收件人若是警惕性不高，点击打开了这样的文件，蠕虫病毒就会被激活，然后通过蓝牙传播到其他的设备中。类似这样的恶意代码还有许多（Laudermilch，2000），将来也会有更多的黑客攻击手机系统。不过到目前为止，蠕虫病毒还没有大规模爆发。

许多联网手机有自己的操作系统，在手机硬盘上可以安装各种各样的功能软件。这样应用起来十分方便，但是，同时也给了电脑病毒和恶意代码传播的机会。随着手机功能的增加，再加上手机与 PDA 的整合，这些设备遭受病毒侵害的机会也增加了。移动商务与普通的电子商务存在相似的安全问题，但是，两者之间还是有一些差异的，移动商务与普通的电子商务都需要重视保密问题、真实性问题、授权问题，但相对于普通的电子商务，移动商务中这些问题显得更加严峻。具体来说，就是移动商务交易往往要通过几个网络系统，有的是有线的，有的是无线的。每个网络都需要一定的安全级别。但实际上要保证网络之间的安全集成是很困难的。同样，交易后也有安全问题，例如如何确保交易可以审核，如何保证交易的不可否认性等。这些都是需要考虑的，但是，手机里并不能保证有必要的软件。

一般来说，电子商务安全、企业计算机使用安全中出现的流程、

技术问题，在移动商务中都存在，还有密码问题、加密问题、动态口令问题、用户受教育程度问题等。尽管移动通信技术中有其独特的安全问题，但是移动商务仍然需要采取特殊的安全措施。例如，为了防止移动设备被窃，用户可以使用"无线路由"，只要设备离开用户，就会发出报警声。WiFi 网络自身就有内置的安全系统，称作有线等效隐私，这与有线网络中的加密标准相似。

2. 移动商务中的技术障碍

在无线用户连接互联网的时候，网站的可用性十分重要，因为它决定了上网者能否达到既定的目的，是否能提高网站的"黏度"（指用户在某网站的上网时间、对网站的亲和程度）。但是，目前在市场上流通的移动设备"可用性"都不太强，因为移动设备的屏幕较小，数据输入不太容易。大多数智能手机和 PDA 的存储能力也不强，信息读取速度不够快，所以不容易下载大的文件。当然，随着时间的推移，这些问题都能得到解决。

移动设备的用户为了达到一定的商务目的（例如进行股票交易），都愿意为上网支付费用。为使用户方便、快捷地浏览到所需要的信息，浏览器的速度要快，并能适合移动设备使用。同样，信息也要符合用户的需求。移动计算的技术障碍还有电池的续航时间不长，与固定设备的界面不兼容等。这些技术障碍将逐渐被克服，尤其是 iPhone 和 iPad 出现以后。

3. 移动计算及移动商务中的失误

与许多新技术的命运一样，移动商务技术中也不乏败笔。许多企业因此而倒闭。涉足其中的企业对此要有充分的准备，并从中吸取教训。

4. 移动商务中的法律、道德、隐私保护、健康等问题

随着移动设备越来越多地使用在社会生活和商务活动中，新的法律、道德、健康等问题也涌现出来，需要业内人士认真去解决。

商务活动中出现的一个问题是移动设备把员工一个个孤立起来。由于各自使用自己的电脑伏案工作，员工的交往减少了，无形中形成了一个个隔断。有些员工不习惯这样的工作环境，就频繁地用短信交

流信息。结果导致企业出台各种各样的措施和规定，不允许员工在工作期间传递与工作无关的信息，也不允许员工利用无线设备进行网上聊天。

移动设备的这种个体活动模式在企业中也引发了新的法律和道德问题。许多员工不仅在单位里用电脑，家里也有电脑，这还比较容易把工作和家庭生活区别开来。但是用手机操作就很难将两者区分开来，除非工作、生活用不同的手机。假设某一企业规定管理者可以利用内联网查阅员工的电子邮件，那么管理者是否可以监听员工利用工作手机进行的语音通信？

由于移动设备的普及，更多的人开始讨论手机礼仪的问题，例如规定医院、机场候机楼等地"慎用手机"。有些国家开展"全国手机礼貌月"。

尽管没有得到科学验证，但是许多人在担心手机辐射可能造成的健康问题。手机成瘾也是一个问题。韩国首尔大学的一项研究表明，韩国中学生中有 30％的人表示一旦手机不在身边，就会感到焦虑。还有许多人是"短信控"，似乎一刻也不能离开短信。

道德、法律、健康等问题还包括：利用 GPS 监视员工的动向，在工作与私人生活难以截然区分的情况下如何平衡工作与生活的关系，企业如何制定制度以规范员工在工作场所、非工作场所使用个人的移动计算设备等。还有一个不可忽视的问题是如何防止隐私被侵犯，如何保护个人隐私。

5.移动计算管理

由于使用移动设备的人越来越多，对移动计算进行管理成为一个重要但又非常棘手的问题。Greengard（2011）指出管理者应该重视信息技术的安全和控制，更多地关注数据，而不是关注设备和员工。企业应制定安全措施，重视对数据的管理，对有些问题不可听之任之。

二、社交商务

社交商务是当前电子商务领域的最热门话题。2010 年的一次调研（Leggatt，2010）发现，2010 年 7 月，有超过 70 万家小企业拥有 Facebook

粉丝页面（Fan pages），到 2011 年 2 月已接近 85 万家，而 Linkedln 拥有超过 9 000 万注册用户。另外，全球近七成企业使用社交网络。很明显，没有任何一个企业能忽略这一现象。

由于社交商务很新并且起源于不同的学术和实践领域，其定义和表述各不相同，现简要描述如下。

（一）社交商务的定义

社交商务（social commerce，social business）是指通过社交网络和/或 Web 2.0 软件进行的电子商务活动和电子商务事务。因此，社交商务可看做运用社交媒体辅助电子商务交易和电子商务活动的电子商务分支。社交商务也支持社会互动和用户贡献。因此，本质上社交商务是商务活动和社交活动的集成。Stephen and Tuobia（2010）将社交商务定义为一种允许人们在网络市场和网络社区积极参与商品与服务的营销和销售活动的基于互联网的社交媒体。他们还将连通买方的社交购物（social shopping）和连通卖方的社交商务（social commerce）进行了区分。他们的社交商务定义假设卖家是不合作的个体。Dennison et al.（2009）给出了社交商务的 IBM 版定义——社交商务是将口碑概念应用于电子商务，它是零售商商品的紧密结合以及顾客和内容的交互作用。

鉴于社交商务的定义反映了社区级参与思想和电子商务的社会经济影响。社交商务也可定义为运用社交媒体、支持社交和用户贡献的在线媒体辅助商品和服务的网络买卖的电子商务分支。社交商务是人们可在线合作，并从可信赖个体获得建议，查找商品和服务并购买的场所。

（二）社交商务的形成与演进

社交商务产生于多个领域的集成，如图 4-3 所示。

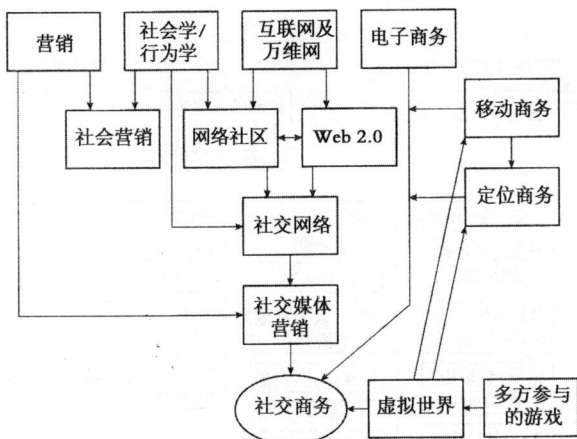

图 4-3 社交商务的主要根源

社交商务的重要特点之一是其营销和销售定位，因此，社交商务与社交营销的概念相关。社交营销作为规划社会变革以提高生活质量的一种方式，起源于 1970 年。

社交商务的另一重要基础是 Web 2.0 的商务应用，这些商务应用包括社交网络活动和社交软件（如博客和维客）应用。移动商务也是社交商务的一个重要组成部分。首先，基于定位的商务模式需要在移动设备上执行，其他很多社交商务类似。尤为重要的是，移动商务的掌上文化与社交商务完美契合。社交商务的其他基础包括沟通、合作、理论、虚拟社区和虚拟世界。最后，社交商务的主要基础是具有不同商务模式的电子商务领域。

（三）社交商务的范畴

社交商务的领域非常广泛，其主要活动集中于电子营销、广告和销售领域，这些活动通常称为社交媒体营销活动。然而，其他一些领域正在组织中显现，称为企业社交商务。图 4-4 给出了社交商务的领域范围。

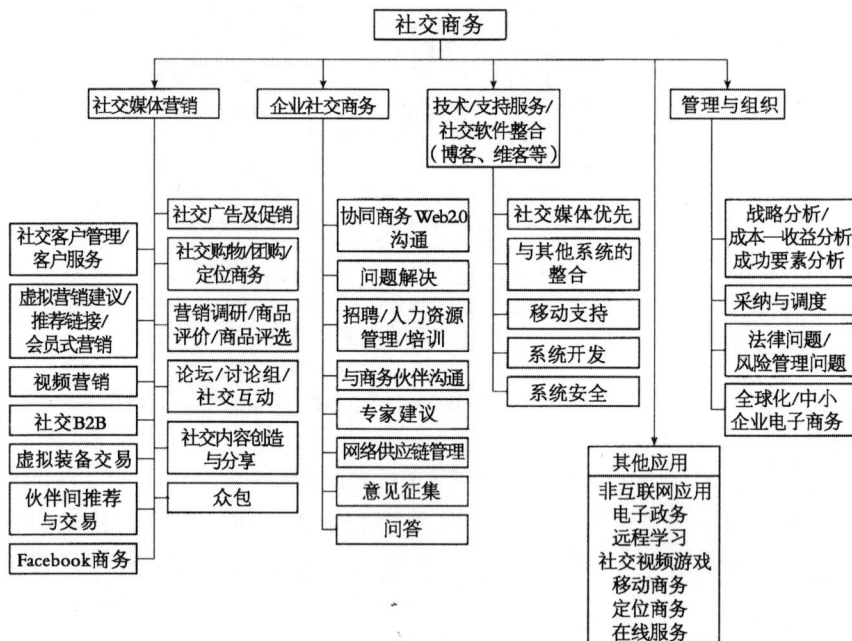

图 4-4 社交商务的主要领域

（四）社交商务的潜在收益

过去三年进行的多项调研均证实，社交商务可为企业带来实实在在的经济和战略利益。

1. 零售商利益

零售商可从多方面受益于社交商务。

（1）客户可从产品设计、市场营销和广告活动以及客户服务和客户支持等方面提出反馈意见，这将有助于制造商和零售商改进产品和服务。

（2）口碑营销（如病毒营销）是提升商家和产品曝光度的免费广告。

（3）社交媒体营销和病毒营销的一般反应就是增加网站访问量，从而带来更多收入。

（4）零售商可以基于个人偏好利用营销技术增加销售额，例如，协同过滤、定位广告。如今，技术更加高超，零售商将消费者的偏好与有相似兴趣的人（即"同胞消费者"的概念）进行更高程度的匹配。这一概念倾向于消费者总是寻求更好，正所谓"没有最好，只有更好"。这些消费者利用协同过滤，提出各种建议（例如网飞、亚马逊等）。消费者将在全球范围内与有相似需求和偏好的人紧密联系起来。

（5）全球超过 40％的企业利用社交网络寻找新客户。

（6）超过 27％的企业为开发新客户和留住老客户而投资于社交网络。

2.　商务模式的创新与改进

社交网站提供了创新型商务模式，但是也有一些模式没能取得成功。这些创新模式的表现形式各不相同，从印度客户对食物和夜生活的评价。到用户把娃娃打扮成明星的模样。许多初创企业自创商务模式。例如，Joost. com 公司创造了一种 P2P 服务模式，通过互联网传播"广播级"的视频资料。每天都有许多新的商务模式问世。

由 Web 2.0 技术衍生出新的商务模式，一个例子就是"群体力量的积累"，或称为众包。众包的潜力极大，例如，wikia. com 正利用众包社区开发一种高级搜索工具。如果它能取得成功，谷歌可能就会遇到麻烦。

（五）移动社交和移动商务

移动社交（mobile social networking）是指用户使用手机或其他移动设施相互交流和联系的社交方式。社交网站（如 Facebook）目前的一个流行的趋势就是提供移动服务，有些社交网站则仅提供移动服务（如 Brightkite、brightkite. com）。

移动社交网络有两种基本形式。第一种形式是企业和无线运营商合作，通过其手机浏览器上的默认启动页连接其社区。例如，用户可通过 AT&-T 的无线网络（wireless. att. com）进入 MySpace。第二种形式是企业和无线运营商没有这种关系，而通过其他方式吸引用户。例如 MocoSpace（mocospace. com）和 Peperonity（peperonitycom）。

（六）运用社交商务的局限性

尽管移动商务优势众多，但运用移动商务仍面临一些潜在风险。比较有代表性的风险因素包括安全和隐私保护、网络诈骗、与现有 IT 系统的整合、法律关系、UGC 质量以及社区成员的时间浪费。

第五章　电子商务的技术支持

网络技术的强大可以给电子商务的开展予以帮助。有哪些是属于网络技术基础的范畴呢？而又是以哪些网络技术为基础要求为进行电子商务活动的必备条件呢？让我们来看看本章节对其的阐述。

第一节　计算机网络接入方式

一、计算机网络环境

（一）计算机网络的概念及发展历程

我们所说的计算机网络是指将遍布世界各地的每一台计算机利用通信线路与外部的专用设备以网络协议为依托打造出一套完整的信息系统，而计算机之间也因此便于消息的传递、信息的共享等各种资源。没有网络电子商务是不复存在的，所以对于电子商务而言，网络是其生存的基本，而有了网络的计算机系统其优点才能得以释放，譬如资源可以进行共享、可靠程度也得到了提升，也是减荷的重要工具等。简单、低级是计算机网络最初的历史评价，随着现代经济的发展，计算机网络也呈现出了焕然一新的面貌，复杂、高级是对它全新的定义，但其发展也是有着一段"心路历程"的。20 世纪 60 年代初以前的以一台主机为中心的远程联机系统是第一代计算机网络；20 世纪 70 年代前后以 ARPANET 为代表的多台主机互联的通信系统是第二代计算机网络；20 世纪 80 年代初期以 ISO 发布"开放式系统互联参考模型"（OSI/RM）标准和后期 TCP/IP 协议支持的互联网（Internet）的广泛使用则是第三代计算机网络；目前正在逐步向以基于 IPv6 的下一代互联网络为中心推进。这些阶段的变化总体上说明了计算机网络正在向传输环境更无所不在、传输范围更广、传输速度更快、传输内容更适应多媒体化以及传输更安全等方向发展，为电子商务创造了更良好的信息流、资金流和物流运行环境。

（二）计算机网络构成

1．网络硬件

网络硬件组成的部分包括以下设备：交换机、路由器、集线器、调制解调器、客户机、服务器等。

（1）交换机（Switch）。它是一种信息传输的技术统称，主要是指是依照通信信息的需要，用人工或设备自动完成的方法。它可以为接入交换机的任意两个网络节点提供独享的电信号通路，因为每个端口都具有桥接功能，而交换机的多个端口就可以连接一个局域网或一台高性能服务器或工作站。使用交换机也可以把网络"分段"，通过对照 IP 地址表，交换机只允许必要的网络流量通过交换机。通过交换机的过滤和转发，可以有效地减少冲突域。

（2）路由器（Router）。它是连接因特网中各局域网、广域网的设备，并且会根据信道的情况自动选择和设定路由，以最佳路径，按前后顺序发送信号。路由器又称网关设备，是用于连接多个逻辑上分开的网络。当数据从一个子网传输到另一个子网时，可通过路由器的路由功能来完成。因此，路由器具有判断网络地址和选择 IP 路径的功能，它能在多网络互联环境中建立灵活的连接，可用完全不同的数据分组和介质访问方法连接各种子网，路由器只接受源站或其他路由器的信息，属网络层的一种互联设备。

（3）集线器（Hub）。它的主要功能是对接收到的信号进行再生整形放大，集中所有局域网内的网络设备，并且将网络带宽平均分给各个网络设备，以扩大网络的传输距离，同时把所有节点集中在以它为中心的节点上。管理员可以通过集线器了解到网络存在的故障，通过集线器可以更好地管理整个网络系统。

（4）调制解调器（Modem）。调制解调器顾名思义是对信号的调制与解调的一种设备，数字信号转换成电话线上传输的模拟信号，再把模拟信号转换成数字信号。是当计算机发送信息时，将计算机内部使用的数字信号转换成可以用电话线传输的模拟信号，再通过电话线发送出去；接收信息时，把电话线上传来的模拟信号转换成数字信号传送给计算机，供其接收。

（5）客户机（Client）。客户机是连接服务器的计算机，使用服务器共享的文件、打印机和其他资源。

（6）服务器（Server）。服务器指的是在网络环境中为客户机提供各种服务的、特殊的专用计算机，它可以从多方面为数据库管理、互联网、多类接口进行服务。

2．网络操作系统

网络操作系统（Net Operation System，NOS）是计算机系统中用来管理各种软硬件资源，提供人机交互使用的软件，主要的作用是处理机管理、存储器管理、设备管理以及为了方便用户使用操作系统向用户提供的用户接口、网络环境下的通信等特定功能。

（1）Windows 操作系统。Windows 操作系统是美国微软公司开发的窗口化操作系统，是世界上使用最广泛的网络操作系统。目前的主流版本是 2009 年发布的 Windows 7 桌面操作系统（市场占有率 46.7％和 Windows Server 2008 R2 服务器操作系统。2012 年发布的 Windows 8）[①]和 2015 年发布的 Windows 10 市场占有率分别为 11.81％和 13.41％。

Windows 10 最大的特点是在可靠性和响应速度方面的最新技术进步，使网络应用操作变得更便捷。同时，Windows 10 开发了一些新的工具，用于提供集中的存储视图，分享图像信息、提高查询智能、改进监视和报告功能、建立 3D 立体虚拟空间等。

（2）UNIX 操作系统。UNIX 操作系统最早是在 20 世纪 60 年代

---

① 鉴于 Windows8 的源代码不再向中国政府开放，其安全机制会对国家信息安全战略造成较大挑战。2014 年 5 月，中央国家机关政府采购中心发布《关于进行信息类协议供货强制节能产品补充招标的通知》，明确禁止部分计算机类产品安装 Windows 8 操作系统和国内相关的计算机桌面操作系统。

后期由贝尔实验室开发的，是一个技术成熟、功能强大和结构复杂的网络操作系统。在很多硬件平台上，都可以找到合适的 UNIX 操作系统。目前最主流的 UNIX 操作系统有 Oracle 公司的 Solaris 和 SCO 公司的 OpenServer、UNIXWare。

1）Solaris。Solaris 是 Oracle 公司研发的 UNIX 操作系统，是一种多任务、多处理器的操作系统。目前的主流产品是 Oracle Solaris 10。最新版本是 Oracle Solaris Studio 11.3。Oracle Solaris Studio 11.3 作为一个企业操作系统，能够为企业云环境以及开发和运维活动提供安全性、高速度和简单性。它提供了符合业界标准的 OpenStack 云平台的完整分发版，让用户可以快速配置公共和私有云环境；提高了数据中心的效率，实现了 Red Hat EnterpriseLinux、IBM AIX 和 HP-UX 的安全迁移。

2）OpenServer 和 UNIXWare。Xinuos 公司的 UNIX 产品分为 OpenServer 和 UNIXWare 两大系列。Xinuos OpenServer 10 是基于 Intel 硬件平台的、商业化的 64 位 UNIX 操作系统。它能够承担多项任务，支持各类应用程序、网络服务、邮件、Web 浏览、文件和打印服务，适合于运行客户机/服务器应用程序，在政府部门、中小企业等领域得到了广泛应用。SCO UnixWare 7 是改进版的 UNIX 操作系统，有更多的应用程序的选择。企业可以在现有的应用程序和关系数据库基础上，利用 Web 服务基板创建面向服务的体系结构。SCO UnixWare 7 能够为虚拟机运行提供支持，并具有更高的安全标准。

（3）Linux 操作系统。Linux 是由芬兰的 Linus Torvalds 发明设计的。从一开始，作者就确立了免费和公开源代码的原则，因此通过 Internet 在全世界范围得到大批程序员和爱好者的关注和帮助。经过数年的集体努力，其缺陷被不断修补，配套软件大量产生，终于成为一个相当完善的操作系统。

随着 Linux 应用的普及，其在桌面系统方面也有了长足的进步。2015 年，Deepin Linux 15（深度操作系统 15）发布。增加系统的稳定性，优化桌面环境，在启动窗口管理器方面根据电脑环境的最新状态来进行智能化处理，平衡了性能与兼容性之间的问题，这便是以全新的系统构架面貌出现在众人视野的深度操作系统 15。另外，它还合并了升级应用以及切换镜像源等方面的功能，多国语言支持攀升至 30 种。我国开发了红旗 Asianux server 7.0 系统，现已在政府、教育、卫生、军队和部分工业行业中得到应用。该系统对于 CAPI 加速处理器接口技术的集成，可以满足用户提供大数据的计算需求；Docker 容器虚拟化解决方案可以实现更轻量级的虚拟化，实现进程和资源的隔离，帮助用户开发、测试和部署。

3. 网络

（1）局域网（LAN）。局域网顾名思义是从地理空间上说，特指一定的区域范围内，它是电子设备之间的一个媒介的存在，它的功能是专门针对数据来进行处理。也就是说通常千米之内的范围都属于局域网的直径范畴，而管理上也统统归属于一个机构。打个比方，在一个家庭住宅内或者是一个企业单位里。有两种方式可进行局域网的连接，第一种方式类似于老鹰抓小鸡，母鸡就好比是网络的主机，而小鸡们的排列就等同于每台电脑的连接方式，接二连三的依此类推。尽管此种网络的成本较低，可只要其中某台电脑发生故障，那么整个网络都会瘫痪。而第二种方式是利用集线器来进行，将集线器作为中心点，每台电脑都各自对其进行连接，再利用集线器来进行资料、信息的传递且可以快速进行，不同于第一种方式的是，不管是其中哪台电脑出现故障都无法对整个网络造成影响。

（2）广域网（WAN）。有一种通信网是以数据通信为主且可进行大范围的覆盖就是广域网。通常来说，范围大于局域网的网络便叫做广域网。或者说两个或两个以上的局域网相连接会形成广域的网络，再通俗一点就是为了网络的范围可以更大化，将局域网进行相互连接。当计算机网络可辐射的范围上升到几百公里之外时也可以称其为广域网。所以不管是单独的省份还是个别的国家的网络都只能说是广域网，而互联网是需要将各国之间的广域网进行连接才得以形成。

（3）内联网（Intranet）。Intra-business Internet 精简后就是我们所说的 Intranet。利用 Internet 的网络技术结合广域网原有的基础，给企业打造出一套网络系统为内部所用便是 Intranet。它在连接 Internet

时属于安全模式下所进行的操作，除了企业内部人员可以对其进行使用之外，外人是没有使用权限的，而存取 Intranet 的信息毫无疑问的也是仅企业内部可为之。为了防止他人或者说是没有通过授权允许者闯入 Intranet，设置防火墙也成了其系统必不可少的程序之一。总的来说 Intranet 之所以能如此迅速地发展起来，也是因其所需成本不高、价格低廉。而利用 Intranet 来运行的企业，除了在管理上有了及时有效的沟通且成本也有所减少，还节省了很多用于文件传递的时间，再者与客户之间的交流也是可以利用网络来进行的，把产品的特色和服务的特点及时有效的客户进行推荐，同时也有利于服务品质的提高。

（4）外联网（Extranet）。公司在不同地区设有分支机构时，其机构想要用互联网链路来对总公司存储在服务器中的公司信息进行合法访问便要利用的 Intranet 来完成。当 Intranet 的功能被加强改进后便创建了 Extranet，同时也放开与企业有着紧密合作或者是业务往来频繁的企业或客户的权限，对于公司信息库的进出可随意进行。实际上 Intranet 的延伸版就是 Extranet。可将有合作关系的企业利用 Extranet 来进行沟通与交流，使 Extranet 不只是单纯地在某个企业内部存在着。

图 5-1 显示了某玩具公司内联网、外联网和互联网连接的情况。

（5）互联网系统。将各个计算机的网络相互串联到一起的系统称为互联网，广域网还有局域网的系统说法是于地域而言；而"三层"即边缘层、接入层以及核心层的分类却是于使用意义上来说的。不管是广域网络还是局域网络，在技术层面上它们的组成都是依靠路由器还有光纤网，所以它们也有一定的相似性，但容量与速率却是它们之间的差异所在。

在交换机中接入 ATM 也可以使边缘路由器从而形成边缘层；而核心层的形成是通过核心路由器或 ATM 骨干交换机的结合；接入层的形成是由很多种方式的接入如综合业务数字网、公共交换电话网、数字数据网等组合以此来达到目的的。互联网系统的基本组成如图 5-2所示。

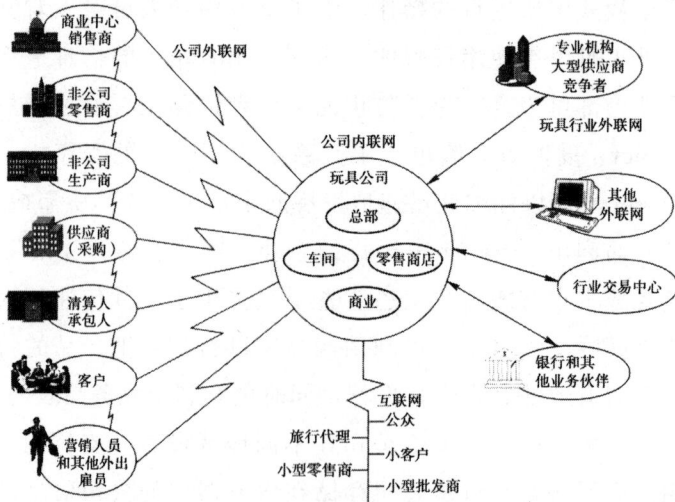

图 5-1　一个玩具公司的网络结构①

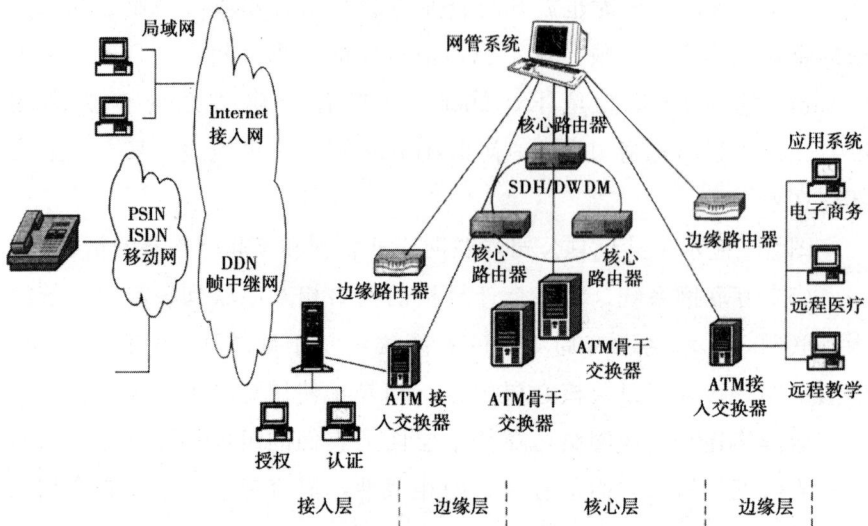

图 5-2　互联网系统的基本组成

4．客户机/服务器系统结构

一般情况而言，一户一次且所使用的客户机是具有特定性的。信息的接收与发送是通过客户机与服务器连接所实现的，也是一种获取

---

① Efraim Turban，David King，Jam Lee. Electronic Commerce：A Managerial Perspective [M]．New Jersey：Person Education International，2002.

其他地方信息的程序。服务器是指在同一时间将数据接入到各个所需的客户端使用的大型计算机。服务器不仅可以用一套软件设备来代替，也能用实体的计算机来表示。服务于其他程序的程序称为端口监督程序，对于网络上客户端的请求一般来说都是由它进行接收及处理后再将其结果发送到请求的客户端去。虽然在一台电脑上可以有客户机与服务器的存在，可往往却将它们放在同一网络却不一样的电脑上。

而应用从根本上说是被服务器以及客户机系统划分成了两个部分，有的部分是存在于客户机上使用，有的却是在服务器上运行。以服务器为轴心，把用户所需的访问记录利用客户机对服务器进行请求的发送，当服务器接收到此请求后立刻进行定位处理且将该记录的结果呈现在客户机上，即请求的发出者。此方式是跳过局域网的步骤直接将记录进行发送，避免了局域网会由此而造成的网络拥挤现象，因此也具有高效性。

客户机/服务器的运行具有代表性的过程如图 5-3 所示，以下五个步骤是它的主要内容：

（1）当对窗口进行相应的输入时，服务器便会开启其监听功能。

（2）当请求的指定是由客户机所发出的。

（3）请求的接收者是服务器。

（4）利用服务器对此请求进行处理，并由客户机接收服务器处理后的结果。

（5）每一次的会话过程都是将上述过程不断地进行周而复始的循环，一直到会话完毕为止。

客户机/服务器运作过程如图 5-3 所示，仅仅是其最基本的描述。从实际情况来说，虽然有着相同的基本原理，但是服务器的区别也会使运行时的具体操作方面的细节大大不同。

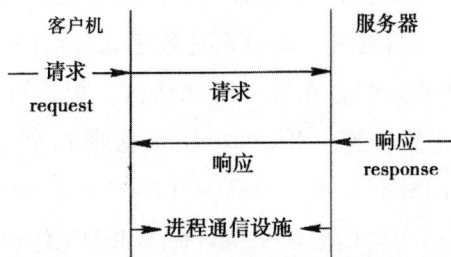

图 5-3 客户机/服务器运行过程

二、互联网接入方式

（一）PSTN 接入

PSTN（Public Switched Telephone Network，公共交换电话网）是使用时间最长的网络接入方式。利用这种方式仅需要一个 Modem（调制解调器）就可以接入互联网，价格便宜，使用方便，但上网速度较慢。2016 年底，中国的 PSTN 用户已经降到 1％以下，目前仅仅是保留的一种联网方式。

（二）Cable Modem 接入

Cable Modem（电缆调制解调器）作为一种数据传输设备，是利用缆线网络来传送资料服务，有线电视公司提供通过电缆访问互联网这项服务时，也可以使用同一电缆来传输互联网信息，这是因为电缆调制解调器系统将下行数据输入信道。利用典型的电视频道来传送下行资料到使用者的家中，及利用另一频道来传送上行资料信号，目前许多拥有有线电视的人都可以通过有线电视提供商高速服务连接到互联网，电缆解调器为有线电视用户提供信息资源浏览、视频点播等增值业务。但是由于广电系统是依靠其他宽带设备，不具有独享宽带，所以当整个用户的人数达到一定数量时，将会发生网络拥挤现象。

（三）ISDN 接入

ISDN（Integrated Service Digital Network，综合业务数字网），作为一种典型的电路交换网络系统，是在综合数字电话网（IDN）的基础上发展起来的通信网络，同时也是数字综合网的延伸，并将话音、数据、图像等各种业务综合在统一的网络内。根据可变速率业务需要的不同，综合业务数字网（ISDN）分为宽带和窄带，分别称为 B-ISDN（Broadband-ISDN）和 N-ISDN（Narrowband-ISDN），通常来说，N-ISDN 的基础为公用电话交换，而 B-ISDN 作为宽带综合业务数字网，就以光纤作为干线和输送介质。

代理服务器、账号共享器、路由器作为目前最主要的互联网接入方式，各有不同的特点。代理服务器信号不够稳定，因为它不需要其他硬件设备，仅仅是靠软件实现信号接入；代理服务器则刚好相反，信号接收依靠硬件设施，所以在稳定性方面要略胜一筹；稳定性最强、速度最优的则为路由器，目前已作为实现各种骨干网内部连接、骨干网间互联和骨干网与互联网互联互通业务的主力军。

（四）DDN 接入

DDN（Digital Data Network，数字数据网）是为用户提供专用的中高速数字数据传信道，为用户提供高效、透明、全数字的网络连接，并利用数字信道提供半永久性连接，是传输数据信号的数字传输网络，通过该网络向用户提供全程端到端数字数据业务。DDN 把数据通信技术、数字通信技术、光纤通信技术、数字交叉连接技术和计算机技术有机地结合在一起，使其应用范围也从单纯提供端到端的数据通信而扩大到能提供和支持多种业务服务，成为具有很大吸引力和发展潜力的传输网络。数字数据网是利用数字信道来传输数据信号的数据传输网络，是采用数字交叉连接和数字复用技术组成的提供高速数据传输业务的网络。

DDN 是一个传输速率高、质量好、网络时延小、全透明、高流量、网管简便的理想的数字数据网。它利用数字信道为用户提供话音、数字、图像信号的半固定连接。随着光纤技术的大量应用，使电信传输系统向更高层次发展。

（五）DSL 接入

DSL（Digital Subscriber Line，数字用户线路）技术可以分为这两种：ADSL（非对称数字用户线路）和 HDSL（高速数字用户线路）。

ADSL（Asymmetric DSL）称作非对称数字用户环路，是一种新的数据传输方式。ADSL 技术提供的上行和下行带宽不对称，因此称为非对称数字用户线路。ADSL 可以通过宽带数据传输服务为用户提供更方便、快捷的信息服务，同时可以在远程操作方面全面开展使用。

ADSL 技术可以充分利用现有公共交换电话网，只须在线路两端加装 ADSL 设备即可为用户提供高宽带服务，无须重新布线，从而可极大地降低服务成本。同时 ADSL 用户独享带宽，线路专用，不受用户增加的影响。

（六）光纤接入

光纤接入以高可靠、大容量的光纤骨干网和覆盖广泛的宽带城域网为基础，成为目前广大用户上网的最佳选择。它利用了交换容量的优势，并采用先进的技术，保证传输容量的稳定。由于光纤接入方式具有技术优势，采用的是目前最前沿的、最开放的方式，因此具有通信领域的先进性；另外，由于光纤接入覆盖面广，实现方式简单易行，因此现在宽带业务进入家庭的现象非常普遍，并且在接入品质及安全性方面拥有巨大优势，在信息保密方面也得到了充分保证。目前，由于光纤技术的越发成熟，越来越多的光纤接入网的优化产业也正在出售中，而且呈现价格逐渐下降的趋势。光纤接入方式也比较多样化，主要包括 FTTH、FrTC、FTTB 等方式。

（七）无线接入

无线接入技术（Wireless Access Technology）是指通过依靠无线连接设备技术，将数据、话音和视频信号传输到个人电脑、手持设备（如 PDA、手机）等，并将它们与终端相连接的技术。通过无线介质将用户终端与网络节点连接起来，以实现用户与网络间的信息传递无线接入技术，具有应用灵活、安装快捷的特点，很适合现代人的生活状态。目前，无线接入技术逐渐向高速无线接入发展，目前已经开发成功的高速无线接入方式包括 DBS（直播卫星系统）接入、MMDS（无线电缆网）接入等，这势必是开发了网络接入技术的一个新领域。

根据网络信息传输距离的长短，无线网络包括无线广域网和无线局域网。无线广域网（WAN）一般用来连接广阔区域中的 LAN 网络，它的覆盖范围可以遍布于整个城市、国家，甚至全球。无线局域网（LAN）的覆盖是在一个有限的地理范围内（几公里或十几公里内），常用于一幢大楼、一个学校或一个企业。前者技术以 3G、4G 为代表；后者则以 IEEE 802.11 系列（如 Wi-Fi）、蓝牙、WiMax 等为代表。

WiFi 是一个无线网络通信技术的品牌，由 WiFi 联盟（WiFi Alliance）所持有。目的是改善基于 IEEE 802.11 系列标准的无线网络产品之间的互通性。目前 WiFi 最大数据传输速率为 11 Mb/s，也可根据信号强弱把传输率调整为 5.5 Mb/s、2 Mb/s 和 1 Mb/s 带宽；直线传播传输范围为室外最大 300m，室内有障碍的情况下最大 100m。

第二节　手机应用程序的开发技术

一、手机操作系统与应用程序

（一）手机操作系统

将 Symbian S60 操作系统于 2001 年 6 月进行推出的塞班公司，也是 S60 的首秀，让大家对智能手机概念的认知有所提升，而智能手机的市场于全世界而言都被其他系统无法动摇的终端占有率以及广大应用塞班系统的客户群体稳稳占据了其市场的中低端位置。而苹果公司以手指触控的 IOS 系统概念也于 2007 年 6 月闯入人们的视野，IOS 系统在功能上有着独具一格的优势，它将移动电话进行了全新创意设计，实现宽屏的可触摸形式，还在手机上增加了地图、游戏，还提供了浏览服务于网页等功能。而智能手机市场的格局又在 2008 年的 9 月有了崭新的局面，Android OS 是在诺基亚公司与苹果公司的激烈对战时出现的，其研发团队是 Google，它以用户体验的超高好评率以及设计中的开放性迅速占领了智能手机市场。

NetMarketShare 分享了 2015 年 9 月全球手机系统的数据。其中，Android 市场份额位列第一，达到了 53.54%，而 IOS 紧随其后，市场份额有 38.58%，相比 2015 年 8 月的 40.82% 下降了。第三大手机系统虽然是 Windows Phone，但市场占有率只有 2.48%，与塞班差距并不大，后者市场份额为 2.44％。需要注意的是，Windows Phone 系统份额也在不断下滑，2015 年 8 月还占 2.60％呢。

（二）手机 APP

APP 是英文 Application 的简称，指第三方智能手机的应用程序，也称为手机 APP 或者 APP 客户端。我们日常可以使用到各种不同的手机 APP 软件。智能手机和移动互联网的迅速普及和发展，带来了 APP 的繁荣。APP 作为移动设备功能的拓展，开始受到越来越多的用户的关注，甚至有将移动互联网 APP 化的趋势。而 APP 在一定程度上将碎片化信息和时间高效整合，忽略了空间地域的差异和阻隔，具有便携性、实时性、定向性、定制性的特征，使受众与媒体在接近零成本的互动中得到信息的传播。

众所周知，有种游戏叫做贪吃蛇，是 NOKIA 手机自带的一款游戏，也可以说是 APP 最初的形式。过去显示屏还是单色的手机，在操作时还得依赖导航按键才得以实现完成，可如此简单的游戏，却大为丰富了用户的生活且极具娱乐性，而且就当今市场上推出的 APP 大都离不开游戏性的本质。许多用户表示游戏的属性是手机功能，因用户对其不可进行修改，仅限于出厂前的最初的形式所呈现于手机内，可如今的 APP 便是由过去类似贪吃蛇的游戏逐渐演变而来的。APP 的发展也因强调功能性的移动设备的时代到来而步入了一个新的台阶。对于应用程序的自由安装与卸载也是要归功于 Java 等编程技术的提升与广泛应用，才得以惠及于广大用户，而 APP 最原始的形态还是以游戏娱乐方面为主打。

随着智能手机的逐渐普及，APP 开发行业在国内的手机界掀起了狂潮。经历了将近五年时间的发展，手机 APP 开发已逐渐遍及世界每一个角落，手机 APP 软件的大量出现开始悄然改变人们的休闲方式、阅读方式、生活习惯甚至创业模式等。手机 APP 的创新思维开发始终是用户关注的焦点，同时，商用手机 APP 的开发获得了诸多用户的一致关注与赞许。

当互联网上升到可移动的模式时，这也是将广告以及互联网进行资源整合的结果，简便地打造了一个闭环于企业及用户之间且是良性的，即利用手机可以将企业呈现于眼前，并且对企业进行了解，从而将企业记于脑中。这不仅是企业中最完美的营销方式，也是就现阶段来说移动互联网价值的最大体现，也许在不久的将来这会成为趋势，让更多的用户和企业都因其而有所改变。

二、手机 APP 开发技术 WeX5

（一）WeX5 简介

WeX5 是当前 APP 开发最普遍采用的一种技术，它遵循 Apache 开源协议，完全开源免费，上百个组件框架全部开放，开发者可对可视化的组件框架自定义组件，集成第三方组件，采用 MVC 设计模式，数据和视图分离，页面描述和代码逻辑分离，支持浏览器调试、真机调试、原生调试等多种调试模式，开发者可掌握每一行代码。

WeX5 一直坚持采用 HTML5＋CSS3＋JS 标准技术，一次开发，多端任意部署，确保开发者成果始终通用、不受限制。WeX5 的混合应用开发模式能轻松调用手机设备，如相机、地图、通讯录等，让开发者轻松应对各类复杂数据应用，代码量减少 80％。同时开发出的应用能够媲美原生的运行体验。WeX5 支持多种类型的后端，包括 Java、PHP 和.NET 等，同时支持云 API。WeX5 的可视化开发，坚持为开发者提供良好的开发体验，采用拖曳式页面设计，易学易用，拖曳组件、设置属性即可完成复杂的技术能力。

（二）WeX5 框架

以费用全免，友好的商业模式且利用 Apache 许可证的开源来实现 WeX5 的推广。经由 WeX5 所开发并进行没有权限限定的发布部署且提倡自由及无任何费用的应用。对于技术和标准 WeX5 是可以实现对其主流的应用，而以 HTML5＋CSS3＋JS 标准为 WeX5 前端所用，在技术上运用 jquer、bootstrap、requirejs 等来实现 AMD 的规范性；而 APP 于 WeX5 手机来说，其开发模式是在 Phone Gap（Cordova）

的基础上进行应用的混合所成；另外 WeX5 的后端是可以实现不同类型的使用，其中有 PHP、Java 以及. NET 等，并且云 API 也是支持的。

WeX5 框架如图 5-4 所示。

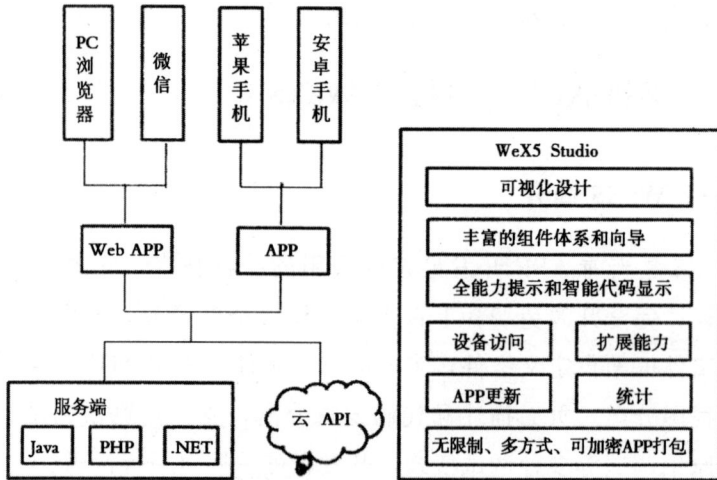

图 5-4   WeX5 框架

WeX5 框架具有以下几个功能。

1. 支持多种手机操作平台

WeX5 对跨平台多前端支持极好，一次开发，多平台运行。目前，WeX5 支持的前端有以下几种。

（1）移动 APP（苹果 APP、安卓 APP 及微软 Windows APP）。

（2）微信应用（包括公众号、服务号和企业应用号）。

（3）PC 浏览器。

（4）其他轻应用。

2. 后端跨"端"

WeX5 走的是开源和开放的道路，WeX5 在支持后端技术和后端部署上开发性极强。

（1）开放的后端技术支持。WeX5 的后端完全开放，可通过 HTTP 和 WebSocket 等协议连接各种后端中间件或云服务（Java、PHP、. NET 等）。

（2）WeX5 的部署完全开放自由，无任何限制，可以部署在任何公有云或私有云服务器上。

3. 全能力调试和智能代码提示

WeX5 技术能提供极强的代码调试功能和全方位代码智能提示，开发手机 APP，模拟调试是关键能力，对开发者极其重要，WeX5 对手机 APP 开发提供了业务最强大的调试支持，主要包括以下几个方面。

（1）提供全能力、一站集成的模拟调试支持。

（2）WeX5 的模拟调试效果和真机运行效果几乎相同。

（3）支持真机调试。

（4）WeX5 开放所有的 UI 框架和组件源码。

（5）WeX5 开放全部原生 APP 框架源码和本机插件源码。

（6）全方位代码智能提示。

4. 轻松实现设备访问

WeX5 采用混合应用的开发模式，可以轻松地调用手机设备和硬件能力，如相机、地图、通讯录、语音信息、文件、LBS 定位、指南针、电池容量等，针对设备的本地能力，WeX5 提供了丰富的功能各异的各类插件。

5. 较强的扩展能力

WeX5 一直坚持开放的态度，在 WeX5 上，不仅可以使用内置的组件、向导和各类插件，也可以根据自己的需要扩展定义自己的组件、向导和插件；如果用户觉得当前样式不是自己想要的，也可以在 WeX5 上做出一套基于别的样式库（例如 Semantic UI）的组件和向导。

6. APP 更新方式多样

WeX5 支持 APP 更新方式，主要包括以下两种。

（1）APP 整包更新。当整个 APP 发生改变时，WeX5 内置支持整个 APP 升级更新。

（2）资源更新。当应用资源发生改变时，只需要将更新的 APP 资源上传到服务器端，APP 会自动进行资源更新。

7. 自动统计能力

WeX5 开发的 APP 具有丰富的 APP 运营统计能力，例如，可以轻松地统计包括新增用户数、留存用户数、活跃用户数、用户在线数、升级用户数、日使用时长、用户区域分布及单次使用时长等各类信息，能够让用户轻松地了解自己的 APP 的运营情况。WeX5 同时也支持开发者自定义统计信息，帮助管理者收集统计 APP 运行过程中的各种信息。

8. 无限制、多方式、可加密 APP 打包

WeX5 应用的每一行代码都在用户手里，支持所有的打包模式，可以无任何限制地保护用户的知识产权。

（1）无限制打包多种应用。无任何限制和费用打包多种应用：Android APP、IOS APP、微信企业号/服务号和其他轻应用。

（2）支持多种打包模式。

（3）超强加密能力，强力保护。WeX5 打包发布的 APP 和应用，支持全部资源（HTML5＋CSS＋JS）加密，采用高强度动态密钥，每个 APP 每次编译都会采用不同的动态密钥，真正做到一包一密，给用户的源码以非常安全的保护。

（三）WeX5 技术 APP 开发过程

WeX5 技术 APP 开发过程主要分为以下三步。

1. 功能开发

功能开发主要包括前端页面开发、后端服务调用与原生插件调用。

2. 运行及调试

运行及调试阶段主要分为以下三步。

（1）使用 Chrome 浏览器运行及调试。

（2）生成调试 APP，在手机中运行，在 PC 上进行真机调试。

（3）使用开发工具中的模拟器或 Blue Stacks 运行及调试。

3. 打包及部署

该阶段主要分为以下三个步骤。

（1）设置欢迎页，介绍页、APP 图标。

（2）获取证书，生成发布 APP。

（3）对该 APP 进行打包与部署。

第三节　电子商务的网站建设与营运

一、电子商务网站规划

（一）网站建设目的

建设电子商务网站，必须首先确定网站建设的目的，也就是要回答为什么要建立电子商务网站。电子商务战略的制定，为电子商务网站的建设指明了方向，但具体应用的目的还需要认真考虑。因为针对不同的应用目的有不同的设计思路。电子商务网站建设的目的一般可以分为开展 B2B、B2C、C2C 交易，开展拍卖业务，开展中介服务，拓展企业联系渠道，用于企业形象建设等。对于网站设计人员来说，通过与业务人员的沟通，确定网站建设目的，是一项非常重要但又往往被忽略的工作。尤其是当专业的网站设计人员帮助一个企业建立网站，却没有该企业所在行业的经验时，与企业业务人员的沟通就显得更加重要了。不同的网站建设目的直接决定了其功能和界面风格的设置，所以建设网站之初，必须首先确定网站建设目的。

（二）目标定位

建设一个电子商务网站，确定网站的客户群体非常重要。只有清楚地确定网站客户的类型、客户的需求、客户的兴趣，才有可能在网站上提供客户所需要的有关内容和信息，留住目标客户。网站对客户了解得越多，网站成功的可能性就越大。

网络客户群体具有多样性，网站的设计必须与之相适应。例如，同样的 B2C 网站，针对青年客户的网站和针对老年客户的网站，在设计思路上有明显的区别。如果将针对青年客户的网站设计用于针对老年客户的网站，将可能导致以后销售的困难。又如网上银行，如果目标客户是个人，那么需要多提供一些个人理财、咨询、消费类的信息；

如果目标客户是企业，那么就需要提供更多金融咨询、投资趋势之类的信息。确定客户群体，也就是要创建一个客户兴趣圈，以便在目标客户中突出网站的价值。

大型企业网站必须进行客户需求分析，即在充分了解本企业客户的业务流程、所处环境、企业规模、行业状况的基础上，分析客户表面的、内在的、具有可塑性的各种需求。有了客户需求分析，企业就可以了解潜在客户在信息量、信息源、信息内容、信息表达方式、信息反馈等方面的要求；有了客户的需求分析，企业网站才能够为客户提供最新、最有价值的信息。全面的客户需求分析不仅对企业网站的信息展示有很大帮助，而且还能够引导企业网站进一步做好信息挖掘工作，为客户提供更有价值的信息分析报告。

（三）网站商务模式及其盈利模式

网站商务模式主要可细分为 B2B、B2C、C2C，每一种商务模式的盈利模式是不一样的。为了寻求更大更多的商机，为了企业利润的最大化，通过改变经营模式为企业谋求更好的发展，将电子商务业务发展起来，搭建属于自己的电子商务平台。可是，电子商务的前期是需要企业进行大规模的投资的，鉴于自身能力的不足和外部环境的不利影响，大部分企业在开展电子商务的初期都不能收到立竿见影的投入效果。这是因为企业所涉足的不同行业电子商务的突破点和盈利点需要一段时间的摸索才能够发现。

（四）网站功能设置

1. 商品搜索引擎
高效是搜索引擎的代名词，商品的信息是利用搜索引擎来呈现在用户面前的，也使用户的购物变得更简单。

2. 购物车
客户将所需物品放入存储的地方称为购物车，它不仅可以使商品信息一目了然，同时对商品的数目以及价格进行计算，除此之外，对于商品数目的修改以及不需要或者是不想要的某件商品或者是全部商品都可进行退回处理。

3. 客户服务中心

此项目我们称为客服，其作用是为客户解答一切有关网站或者与商品相关的各种问题，当顾客询问物流情况、商品活动等这些问题便是由此客户服务中心来进行解答或者说是提供服务。

4. 访问计数器

网上用户对网站各类板块的访问频率会通过访问计数器来进行统计，了解和掌握商品、服务、商场中的哪些为消费者的需求所在，而经营和营销策略也是根据其数据的情况而进行制定的。

5. 订单查询

用户要了解订单详情，可利用订单号或相关信息进入其当前网页，而订单的日期、发货的情况、货款的状态等信息都会一一显现在此界面上。

6. 电子邮件列表

电子邮件列表的应用主要是为客户提供最新的商品信息以及商品的促销活动及各大优惠政策等。

7. 网络支付

通过网络来进行实时支付就我国目前的现状来说还没有这样的水平，所以，多种支付方式应该在商场进行设置，譬如用信用卡来进行支付。

（五）网站风格

为了符合客户的浏览习惯以及文化需求，结合行业网站，选择合适的企业网站风格，让客户能够从网站中迅速地找到自己所需要的东西。不同行业的网站，风格也截然不同。例如，艺术类网站需要有艺术气息；文化类网站需要有底蕴；电子类网站需要大气、简约，有质感。

1. 网站的 CI 设计

在广告术语中有一词叫 CI，也是网站设计中所借鉴的一个说法。CI 于现实生活而言可以说是无处不在，具有代表性的有苹果公司，在一个苹果上咬上一口的 LOGO 极具创意的设计，也使大家耳目一新，还有各种极具特色的例子，如百事可乐、LV、耐克等。

在设计网络的 CI 时，通常以下列内容为主。

（1）设计网站的标志（LOGO）。标志性的代表是进行一个网站的设计的首要工作。将网站的特点以及内容凝聚在 LOGO 上来进行展现，像商标一样，利用 LOGO 成为此网站的形象大使。但 banner 小图标即 88 像素＊31 像素不是此 LOGO，这里所强调的是网站的标志。

（2）设计网站的标准字体。文字字号的大小控制了页面的形象，大文字能给人有力量、自信的印象，而小文字给人以紧凑的印象。网页中正文文本的字号一般设置为 10～12 像素；网页中标题文本字号一般设置为 12～18 像素；对于网页中的版权声明等文本，一般将字号设置为 9～10 像素。

（3）设计网站的宣传标语。宣传标语也可以说是网站的精神、网站的目标，用一句话甚至一个词来高度概括，类似实际生活中的广告金句。例如，雀巢的"味道好极了"；麦斯威尔的"好东西和好朋友一起分享"；Intel 的"给你一颗奔腾的心"。

2. 网页页面内容的编排

网页页面内容的编排要力求做到布局合理化、有序化和整体化，充分利用有限的屏幕空间。在编排页面内容时，主要考虑以下四点。

（1）主次分明，中心突出。在编排页面时，要求版面分布具有条理性，页面排版要求符合浏览者的阅读习惯和逻辑认知顺序。例如，将导航或目录安排在页面的上面或左面，一些重要的文章和图片安排在屏幕的中央，以突出重点，在视觉中心以外的地方安排那些次要的内容。

（2）大小搭配、相互呼应。较长的文章、标题或较大的图片不要编排在一起，要注意设定适当的距离，将其互相错开。这样可以使页面错落有致，避免因重心偏离产生不稳定感。

（3）图文并茂、相得益彰。文本与图像合理搭配，图像应起到突出主题的作用。

（4）适当留空、清晰易读。留空是指空白的、没有信息仅有背景色填充的区域。留空区面积较大时会给人一种高雅、时尚的心理感觉。

页面过于繁杂则会产生反作用，削弱整体的可读性，无法让浏览者抓住重点。页面内容的行距、字距、段间段首的留空都是为了易于阅读。

二、电子商务网站建设

（一）域名

1. 域名的定义

层次结构式用"点"进行分隔的字符标识是存在于计算机中的，而对于域名来说便是针对这些字符在互联网上进行识别其正确性与确定其标识的电子方位，且此计算机的互联网协议地址对于它来说是具有对应性的。但使用者对于 IP 地址的记忆与理解会更胜一筹。互联网的服务是以域名为基础的，像 FTP、www、E-mail 这些应用服务都是由域名所提供的。

域名由以下三组字符组成。

（1）26 个英文字母。

（2）"0，1，2，3，4，5，6，7，8，9"十个数字。

（3）"-"（英文中的连词号）。

域名中字符的组合规则有以下两个方面。

（1）在域名中，不区分英文字母的大小写。

（2）对于一个域名的长度是有一定限制的。

2. 域名结构

由类别顶级域名、地理顶级域名以及新增顶级域名这三大类组成了互联网上的域名体系。第一类域名是代表公司的.com，代表组织机构的.org，代表美国政府部门的是.gov，还有代表网络机构的.net 以及用来形容国际组织的.int，用来形容美国军方的.arpa，再有就是用.edu 来进行表示的美国教育，总结下来一共是七个域名。而美国作为互联网的兴起者，虽然这些顶着顶级域名的头衔存在，但是全球通用的只有.org、.net、.com 这几个，而像.gov、.arpa、.edu 这些却是专供美国所用。第二类则是根据国家和地区按照其 243 的数量来决定其代码数目的，中国的表示形式是.cn，英国则是.uk 等诸如此类，而第三类的形成是在前两类的基础上根据实际所需扩展开来的，而它所包含的域名是：在信息行业中用.inf 表示，专业人士中是以 .pro 为代表，而形容个人的是.name 等，也是有七种顶级域名。

域名层级结构如图 5-5 所示。

国际互联网域名体系

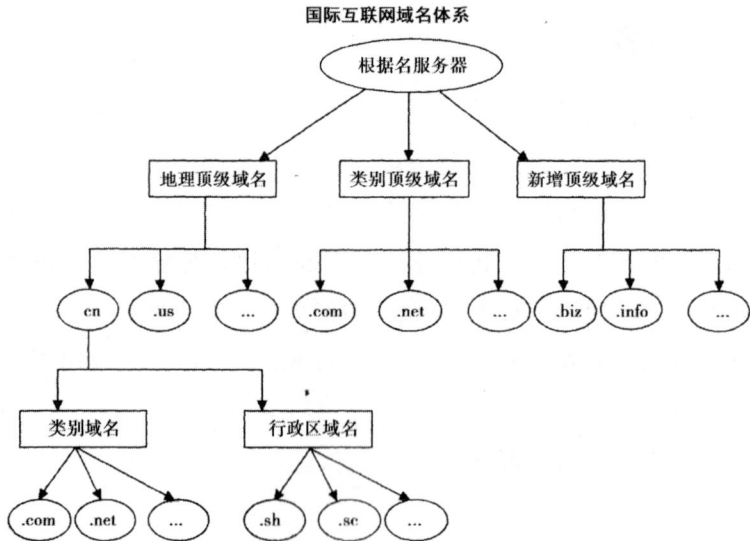

图 5-5 域名层级结构

以 www.cnnic.net.cn 为例，它是由几个不同的部分组成的，这几个部分彼此之间具有层次关系。其中最后的.cn 是域名的第一层，.net 是第二层，.cnnic 是真正的域名，处在第三层，当然还可以有第四层，如 mner.cnnic.net.cn。可以看出，域名从后到前的层次结构类似于一个倒立的树形结构，其中第一层的.cn 叫作地理顶级域名。

3. 域名策略

（1）分散域名策略。在产品多样化或者产品个性强的时候，公司必须为某些品牌独立注册域名，以培养、尊重和强化消费者的消费忠诚度。分散域名的弊端是网站建设强度增大，管理力度分散，从而造成网站成本增加。

（2）单一域名策略。单一域名策略最大的好处是使公司有很强的整体感，容易以公司整体的信誉去推动产品的市场占有率，可以节省站点建设开支，既便于管理，也便于统一推广和宣传。

（3）三级域名策略。企业域名的一般形式为"产品名．企业名．

com"，即所谓的"三级域名"。"三级域名"最适合于公司推出新产品时使用，既可以借助公司信誉推动新产品的市场推广，又可以表示产品的个别性，以试探市场反应，然后确定是否应该把品牌独立出去。

（4）相关域名策略。由于域名的价格不高，为防止竞争对手注册与自己相类似的域名，以达到混淆品牌的目的，一般建议用户把常用的后缀全部注册下来，如 www. bcd123. com、www. bcd123. net、www. bcd123. cn、www. bcd123. com. cn 等同时注册。

4. 域名选择

由于域名在全世界具有唯一性，它已经具有类似于产品的商标和企业的标志物的作用，因此，尽早注册是十分必要的。域名和商标都在各自的范畴内具有唯一性，并且随着 Internet 的发展，从企业树立形象的角度看，域名从某种意义上讲又和商标有着潜移默化的联系。因此，域名与商标有一定的共同特点。许多企业在选择域名时，往往希望用和自己企业商标一致的域名，域名和商标相比又具有更强的唯一性。

5. 域名解析

不管域名是国内的还是国际的又或者是中文的，不论哪种进行申请报告后，会有一个 IP 地址与之对应且进行转换的过程我们便称为域名解析。为了加强记忆，简化带有标识站点的数字地址的 IP 地址通常都会用域名来进行替代。而 DNS 服务器的工作内容便将域名进行解析。

任何一个一级域名或二级域名，其 A 记录、CNAME 记录、URL 转发记录只能三选一，不能同时存在。因此，在做指向的同时，先确认在其他两项中是否存在相同的记录，以免误删。

（二）服务器选择

1. 租用服务器

服务器可以租用互联网上专业的 IDC 公司的。建议选择线路质量优质的公司的服务器，从而享受高品质的服务。租用服务器的优点在于：一是省去接入费用和前期建设费用；二是减少机房建设环节和维护成本。缺点在于：一是租用的服务器的配置有时无法保证；二是自己人员维护不便且服务器容易受到网络攻击。

2. 自建机房

自建机房前期投入大，具体表现在以下三点：一是机房简单装修；二是硬件如机柜、服务器、防火墙等设备需要采购；三是宽带接入，需要联通、电信双线接入。自建机房的优点在于：便于自己维护前期一次性投入；缺点在于：前期投入较大，后期机房维护等需要一定的成本。

3. 虚拟主机

虚拟主机用户没有独立的 IP 地址，同一台虚拟主机的若干用户共享一个 IP 地址。其麻烦就是当一个用户的网站内容违法或违规后，电信运营商就将 IP 停用，其他没有违规的用户连带遭殃。

（三）动态网页开发技术

目前，常用的动态网页脚本语言有 Perl（Practical Extraction and Report Language）、PHP（HypertextPreprocessor）、JSP（Java Server Pages）、ASP（Active Server Pages）。

1. Perl

Perl 是一种很古老的脚本语言。最初的 Web 应用大多是用 Perl 编写的，Perl 很像 C 语言，使用非常灵活，对于文件操作和处理像 C 语言一样方便快捷，但可维护性差。由于技术已过时，现在很少有人用。

2. PHP

以脚本语言的形式出现的 PHP，小范围说它存在于 HTML 的页面中，大范围讲它是处在跨平台的服务器端里，它不仅可以应用于 Windows、Linux、UNIX 的 Web 服务器中，同时也可以在 Apache 等普通的 Web 服务器上运行。PHP 代码在用户进行平台的转换时是不需要随之变换的。PHP 将自身的特点与各种语言语法进行融合，所以在 Web 开发者进行动态页面的设计时效率极高。

综上所述，在编写网站系统时，PHP 只能为小型的所用。

3. JSP

我们通常熟悉的动态网页技术中就包括 JSP，它是由 Sun 公司开发，并在 Java 应用程序和 Java Applet 基础上推出的一种新技术。它在本质上与 PHP、ASP 存在着很大的区别。PHP 和 ASP 解释执行程序代码依靠语言引擎操作，而因为 JSP 可在 Servlet 和 JavaBean 的支持下，具有强大功能的站点程序，因此它的代码可以编译成 Servlet 并由 Java 虚拟机执行。用 JSP 开发的 Web 应用是跨平台的，既能在 Linux 下运行，也能在其他操作系统上运行，因此它的执行力都远远超过了 PHP 和 ASP。

综上所述，因为 JSP 具备了 Java 技术的简单易用，并且完全的面向对象，具有平台无关性且安全可靠，对于各大类型的网站系统来讲，它涵盖了面向因特网的所有特点，成为网站系统的不二选择。

（四）网站发布流程

1. 申请域名

当用户购买了空间服务器之后，就可以通过服务器主机 IP 地址来访问了。但是 IP 地址不便于记忆，不利于网站的推广，因此用户可以根据自己的网站类型申请一个域名，然后将该域名解析到服务器主机 IP 上，就可以通过域名来访问网站了。

域名就是网站的网址，每一个网站的域名在网络中都是唯一的，它是一种宝贵的无形资产（被称为"网上商标"）。

申请域名首先要在服务商的网站上注册一个用户，然后登录，登录成功后，选择相应类型的域名产品并生成订单，在支付了域名产品相关费用后，用户就可以在管理面板中对域名进行管理了。

2. 网站备案

自 2005 年 3 月开始，信息产业部开展互联网站备案登记，有独立域名的网站都要进行备案登记，未备案的网站将根据主管部门的有关规定予以关闭。网站备案是免费的，由用户登录信息产业部备案网站"http://www.miibeian.gov.cn/"自行备案。

备案的具体步骤如下。

（1）在搜索引擎中输入"http://www.miibeian.gov.cn/"进行登录。

（2）选择"注册"这一项，开始注册成为 ICP 用户。

（3）将系统所要求的注册信息填写完整并点击"提交"。

（4）进行系统的登录操作时，需查看验证码是否已发送到手机与邮件上。

（5）将手机或邮件所接收到的验证码输入后，正式开启系统功能的主页页面。

（6）将主体部分的备案信息以及网站方面的备案信息分别按照系统的提示来进行操作。

（7）将系统所需的信息准确无误地录入完毕后，再进行复查一次，确保无任何问题后再进入备案信息的提交。

（8）备案信息是需要"双管部门"来进行审核的，即电信管理局通信管理局。

（9）再次登录系统功能主页。

（10）在任务列表中选择"ICP 备案业务管理——备案、许可证下载"，进入电子证书下载总览页面。

（11）单击"证书下载"按钮，进入证书下载页面。

（12）根据提示下载证书并放在正确位置。

（13）完成 ICP 信息备案。

3. 空间申请

申请网站空间的方案主要有以下三种。

（1）专线空间。专线空间适用于中型的企业，即向电信部门申请专线，建立一个自己的独立网站。

（2）服务器托管。服务器托管适用于信息量大、需要较大空间的站点。

（3）虚拟主机。虚拟主机是把一台主机分成多台"虚拟"的主机，每台虚拟主机都具有独立的域名和共享的 IP 地址。一般适合中小型企业和个人使用。

网站在成立之初，数据量一般不会太大，网速要求一般，可以先采用虚拟主机的方式提供 Web 服务。以后随着业务的发展、数据量的增大以及客户对网速要求的提高，可以考虑将服务方式改为服务器托管方式，或者自建专线空间。

4．网站制作

网站制作可以选择自建网站或委托专业制作公司代理制作。自建网站更符合公司实际需求，但需要有专门的网站制作的技术人员，门槛较高，一般适合大型企业。由于条件的限制，中小企业建设网站一般选择委托专业公司代理制作，这样可以省去招聘专业制作人员等费用。但网页设计等属于较专业的事，因此在选择代理公司时要认真考察，要尽可能地多了解代理公司的设计制作能力和信誉。

5．网站的发布

简单地说，网站发布就是将构成网页和网站的所有文件复制到 Web 服务器的过程。网站发布有以下四种形式。

（1）通过 HTTP 方式发布网页。这是很多免费空间经常采用的服务方式。用户只要登录到网站指定的管理页面，填写用户名和密码，就可以将网页一页一页地上传到服务器。这种方法虽然简单，但不能批量上传，必须首先在服务器建立相应的文件夹之后才能上传，对于有较大文件和结构复杂的网站来说费时费力。

（2）通过 FTP 方式发布网站。这是最常见的做法，需要提供 Web 服务器的 IP 地址、FTP 登录服务器的用户名和密码、登录后的主目录等信息。发布时可以使用专门的 FTP 工具软件，也可以使用网页制作软件的 FTP 功能、专门的 FTP 软件有 FlashFXP、CuteFTP 等。

（3）通过本地/局域网发布网站。这种方式通常是将服务器上 Web 发布的实际目录设为根据用户名和密码访问的完全共享模式，并通过成功登录，将该目录映射成本地的一个盘符。这样，发布网站时只需要将本地文件复制到这个盘符下的相应位置即可。

（4）通过网页表单发布网站。这是一些个人主页提供商采用的方式，允许用户通过 Web 页进行个人网页管理，其网页上传机制和过程与网页电子邮件夹带附件文件的情形相似。

6．域名解析

域名申请下来之后，还不能通过域名来访问网站。只有将域名解析，使域名指向网站空间 IP，人们才能通过注册的域名访问网站。一般情况下，域名申请代理商同时提供域名解析服务。

7. 构思网站栏目，充实网站内容

网站内容所展现的方式是利用网站栏目来进行的，同时也确保网站主题尽可能地进行清晰明了的展现。合理的布局、科学的安排是制作栏目时的重点。首先，明确主题是制作栏目的首要工作，以主题为中心，进行分类处理，而网站的栏目就是用它们来进行主打。其次，就是网站栏目的指南设计，这不仅给老顾客提供了便利，也为新来的用户对内容的快速搜索带来了方便，使主页更人性化和有吸引力。再次，设计可以双向交流的栏目，如论坛、留言本、邮件列表等，可以让浏览者留下他们的意见、建议和信息。最后，设计常见问题回答栏目，就某方面常见的、有代表性的问题作答复，方便浏览者。

在划分栏目时要注意以下四点。

（1）尽可能删除与主题无关的栏目。

（2）网站栏目尽量地根据内容的价值度来进行安排。

（3）优化访问者在网站使用的浏览与查询等功能。

（4）突出直接的电子商务主题。

栏目设置好，只是搭建了网站的框架，要想吸引读者还要靠内容。内容新颖和实用是保持客户黏度的最主要手段。客户黏度就是客户初次浏览网站后，反复浏览网站的频度。频度越大，客户黏度就越大，也可以说客户的忠诚度就越大。

新建网站的每个栏目至少要发布 50 篇以上的文章，以后要定期增加文章（如每天或每周等），要长期坚持，不能半途而废。很多网站在一天之内发布了上百篇文章，而后几个月没有新增文章，这种做法非常不可取。

8. 网站推广

网站在上传到服务器之后，就正式开放了。为了让内容有新鲜感和吸引浏览者，要经常对网站中的信息进行更新，对站内的链接进行检查。网站建好后，如果要提高网站的知名度和访问量，就要对网站进行宣传推广。

推广网站的途径有多种，一种是交换友情链接或交换广告等进行宣传和推广（所谓交换广告就是在用户的主页上显示广告商提供的广告条幅，每显示一次，用户自己的广告条幅就可以在别人的主页上显示 0.5 到 1 次不等）；另一种有效的方式是搜索引擎，注册搜索引擎是目前最为成熟的网络营销方法，网站建成后用户到搜索引擎上注册中英文加注和有效的关键字搜索。除上面介绍的之外，还有邮件推广、论坛推广、网络活动宣传、网络广告等。

三、电子商务网站运营

（一）网站评估指标

1. 网站流量指标

从网站分析来说其基础是网站流量，我们在定义网站流量时是通过对某个网站进行访问的用户量和其用户对于网页浏览的数量等概括性指标的网站的访问量来决定的，而浏览页面的数目，对网站进行独立访问的人，用户的总数量等都是对指标进行统计时所常用的。

2. 网站内容指标

（1）流量注册比（Register Share）。流量注册比＝注册用户/独立访问者数，用来衡量网站的注册率。

（2）提袋率（Handbag Share）。提袋率＝商品放入购物车或加入收藏夹的访客/独立访问者数，用来衡量访客对商品的兴趣度。

（3）回访者比率（Repeat Visitor Share）。网站内容是否可以吸引访问者以及于网站而言其内容是否实用是通过回访者数/独立访问者数＝回访者比率来进行衡量的。

（4）积极访问者比率（Heavy User Share）。网站的访问者中有多少人是因为其内容而被吸引过来的是访问超过 11 页的用户/总的访问数＝积极用户比率来进行衡量的。

（5）忠实访问者比率（Committed Visitor Share）。当用户数/总用户数在访问时超过 19 分钟以上的时间即算。

（6）忠实访问者指数（Committed Visitor Index）。如果说访问页

面不多但是访问时间却很长，那么也代表着大于 19 分钟的访问页数/大于 19 分钟的访问者数＝忠实访问者指数的这个指数不高。

（7）忠实访问者量（Committed Visitor Volume）。访问者在所有访问页面里所访问的页面数的比例是用大于 19 分钟的访问页数/总的访问页数＝忠实访问者量来进行衡量的。

（8）访问者参与指数（Visitor Engagement Index）。对于有些访问者会对某一类或者某页面进行多次访问的情况是可以用总访问数/独立访问者数＝访问者参与指数来表达，也告诉我们其行为趋势的方向。

（9）首页回弹率（Index Reject Rate/Index Bounce Rate）。当访问者从首页开始进行访问且只看首页的比例是用仅仅访问首页的访向数/所有从首页开始的访问数＝首页回弹率这个指标来确定的。

（二）网站评估工具

1. CNZZ 站长统计

以前都用计数器单一统计网站访问量，现在逐步使用专门的评估工具。

在国际上享誉盛名的风险投资商 IDG 所投资的网络技术服务公司所创建的数据专家网站，在现阶段也是名气颇高的，其公司为大家所提供的免费流量统计技术服务有着巨大的影响力，且在第三方的数据统计分析上对于互联网各类站点来说是具有权威性、专业性和独立性的。

（1）注册成为 CNZZ 会员。填写账户信息，完成注册。

（2）添加站点。在站点列表页单击"添加站点"按钮，填写站点名称、域名、网站类型、地区、简介等信息，单击"确认添加"按钮，即完成添加站点。

（3）获取代码。返回站点列表页，单击站点设置中的"获取代码"按钮，即可选择多种展现形式的统计代码。

（4）加载代码。将选好的统计代码粘贴到页面源码中，该页面即可参与统计。该项操作需要略懂 HTML 语言的读者才会操作，若没有 HTML 语言的知识，可请网站代码开发者帮助加载代码。

2. Alexa 网站排名

该网站是否存在价值是取决于其网站在 Alexa 上是否有排名且名

次的高低。在业界中是这样形容 Alexa 的排名的。

（1）只能归属于业余级别的散兵游勇其排名必然是大于 100 万的。

（2）同样是业余级选手但也称得上是游击队的其名次在 10 万到 100 万的范围。

（3）在网络营销方面手段专业且名次是在 1 万～10 万之间，专业级的正规军。

（4）排名在 1000～1 万，是皇牌军，是一个非常优秀的网站。

（5）以虎狼之师著称且商业价值不可估量的网站，其名次是要小于 1000 名才能获得此称号。

因此，也不乏有些人以不光彩的手段使其在 Alexa 上的排名可以有所提高，只要是作弊行为都是可耻的，也应遭到谴责。因此如有某网站明知故犯，一经发现，Alexa 便会在排名榜上将其剔除。

刚建好的网站在查询中没有数据，三个月以后，其排名会从几千万左右逐步上升。若长时间排名得不到进步或者根本没有数据，就应该分析一下原因。

第六章　电子商务安全及其防范系统

电子商务作为一种全新的业务和服务方式，为全球客户提供了更丰富的商务信息、更简捷的交易过程和更低廉的交易成本。伴随着互联网用户的迅速增加，网络交易额也在急剧上升。以至于人们可以对其中的安全问题忽略不计。

第一节　信息安全的概念

在涉及电子商务（或信息技术）的领域中，信息安全总是备受关注。安全被认为是基于网络开展商务活动的基础。各类机构（包括高级安全管理部门，例如美国中央情报局（CIA）、联邦调查局（FBI）等都深受频繁发生的网络安全事件困扰。很少机构或是个人电脑系统没有遭到过攻击。网络安全的破坏，包括网络犯罪可能造成巨大的损失，甚至威胁到人员生命安全。开展电子商务活动，数据、交易、隐私安全和保护买卖双方的利益都是至关重要的。

信息安全（information security）是指保护信息和信息系统免受未经授权的访问、使用、公开、中断、修改、查看、记录或破坏。本章将介绍与电子商务和信息安全密切相关的信息安全问题及其应对方法。计算机安全是指保证数据、网络、电脑程序、电脑电源和其他计算机信息系统组成部分的安全。网络攻击方式和应对方式多种多样，这使得计算机安全，涉及内容十分广泛。网络攻击和计算机防御可能影响到个人、机构、国家甚至是整个网络。计算机安全的目标是阻止或是最小化网络攻击的影响。本书把计算机安全分为两类：广义的计算机安全涉及所有的信息系统；狭义的计算机安全仅指电子商务安全，例如买方安全保护。本章中两个方面的内容都会涉及，但将着重介绍电子商务相关的计算机安全。

第二节　电子商务安全基本问题

为了更好地理解安全问题，首先我们应该了解与电子商务和 IT 安全相关的几个重要概念，以及与安全问题相关的常用基本词汇。

在考察电子商务运作的整个过程中，了解哪些安全隐患存在于电子商务流程的操作中，对其所产生的危害性进行分析研究，针对安全问题存在于电子商务过程中的漏洞与隐患进行全面清扫与修复，以此来保证电子商务在相对安全的环境下运行，且使安全管理方面做到防患于未然。以在电子商务交易活动中易发生安全问题的客户、银行、商家作为例子，我们来进行分析。

第一，于商家而言，破坏其中央系统，使其安全性遭受威胁；在订单方面进行恶意解除或伪造虚假订单；入侵者将合法用户的数据进行更改；所销售的商品状况被竞争者所检索；恶意竞争者为了获取商家在递送商品的情况以及了解其库存的情况，假借他人身份对商品进行订购等恶劣手段；客户资料被同行所获取；企业名誉被他人诋毁；消费者的订单生成后却不进行支付等这些安全问题都可能会存在。

第二，于客户而言，商品已付款但是货物却了无音讯；个人的身份信息被公开；有人冒名顶替进行商品的购买，甚至强制被要求对未曾购买过的商品买单；关于客户的一些比较敏感的私人信息也可能会遭到泄露或者是窃听；当销售商的服务器被人恶意攻击时，客户无法正常使用，而这些可能都是客户的烦恼所在。

第三，银行可能面临的安全问题：电子商务活动中的安全风险，还有很大一部分来自攻击者对银行专用网络的破坏，包括系统中断（攻击系统的可用性）、窃听（攻击系统的机密性）、篡改（攻击系统的完整性）、伪造（攻击系统的真实性）等。

概括起来，电子商务的安全问题主要涉及信息的安全问题、信用的安全问题、安全的管理问题以及安全的法律保障问题。

一、黑客的威胁和攻击

包括电子商务在内的各类信息系统很容易受到无意的威胁和故意的攻击。

（一）无意的安全威胁

无意的安全威胁可以分为三类：人为失误、环境危害和计算机系统故障。

（1）人为失误。人为失误可能发生在硬件或是信息系统的设计阶段，也可能存在于编程、测试、数据采集、数据录入、认证和帮助说明之中。失误可能是由疏忽、经验不足或是误解造成的（例如，不改密码而导致的安全漏洞）。

（2）环境危害。自然灾害包括地震、剧烈风暴（如飓风、暴风雪、沙尘暴）、洪水电力故障或强烈波动、火灾（最常见的灾害）、爆炸、放射性尘埃和水冷系统故障也可能破坏计算机资源。战争破坏和人为破坏也是一种特殊的环境危害。

（3）计算机系统故障。缺陷可能是由制造工艺不达标、材料缺陷、过时或维护不善的网络造成的。非故意故障也可能由经验不足、测试不充分等其他原因造成。

（二）有意的攻击和犯罪

有意的攻击一般是犯罪分子所为。所谓有意的攻击，指的是盗窃数据、对数据的滥用（例如篡改数据）、盗窃计算机设备或软件、人为输入（或是编辑、传递）错误的数据、故意破坏计算设备或是计算机系统、用病毒去攻击计算机系统、对计算机的滥用以及各种互联网欺诈等行为。

（三）犯罪分子和犯罪手法

互联网上实施的犯罪统称为"网络犯罪"，犯罪的实施者称为网络犯罪分子，它包括"黑客"和"破解者"。黑客（hacker）是指那些通过非授权认证方式进入一个计算机系统的人。cracker（破解者）是那些通常通过网络侵入别人系统的，或者是破解计算机程序许可的，以及有意的破坏计算机安全的人。他们做这些可能是因为利益、敌意、无私心的原因，或者是由于破解是一个挑战。一些强行侵入他人站点的破解者表面上指出站点安全系统的漏洞。

网络犯罪分子的攻击方式多种多样，根据目标的不同，有些是以电脑作为武器，有些针对电脑资产。

黑客和软件破解犯罪中往往还牵涉一些看似无辜的人员，包括一些内部人员。我们把那些为他人转移盗取的钱财的无辜的人称为"钱骡"。在一种称为"社会工程"的手法中，犯罪分子设法从不防备的人手中获取他们的信息或是网站登录权限。"社会工程"就是指一些能使他人执行动作或是泄露机密信息的手段，臭名昭著的黑客凯文·米特尼克（Kevin Mitnick）利用"社会工程"作为获取访问计算机系统的主要方法，在服刑期间仍然进行黑客活动。最近一种"假冒安全软件"手法比较盛行，这种方法就是诱导用户下载一些伪装成杀毒软件的恶意软件。

二、漏洞的安全问题

攻击目标可能是人，也可能是机器或是信息系统。针对人的攻击多涉及欺诈，目的是盗取金钱或房地产之类的各种财产。但是，计算机还被用于骚扰（如网络欺凌）、破坏信誉和侵犯隐私等。

（一）漏洞受到的攻击

信息系统的任何部分都可能成为攻击目标。电脑可能被盗或是遭到病毒和其他恶意软件的攻击。用户是欺诈的主要对象。数据库可能受到未经授权的访问攻击，数据可能遭到复制或盗取。网络可能遭到攻击，信息流可能被阻断或是更改。设备的终端、打印机以及其他部件都可能遭到多种多样的破坏。软件和程序可能受到劫持。程序和规则可能遭到更改等。攻击全是针对薄弱之处的。

（1）漏洞信息。漏洞的风险主要在于这个漏洞可能被发现并加以利用。2006年，美国MITRE信息技术公司发布了一份名为"常见漏洞及风险清单"的报告。报告中5个最常见的漏洞有4个是网络应用程序。只要有漏洞就会被利用。

（2）邮件攻击。邮件是一个最容易受攻击的地方，因为它是通过非安全网络传播的。2008年3月萨拉·佩林（Sarah Palmn）受到黑客攻击就是一个例子。

（3）手机和无线系统攻击。由于这类系统比有线系统更容易攻击，随着移动计算爆炸式增长，此类攻击也日益增多。

射频识别技术芯片漏洞。这种芯片到处都是，甚至信用卡、美国护照里也有。这种芯片可以通过非接触的方式读取，这也成为它们的弱点。当你装一个射频识别芯片在钱包或是口袋中时，任何一个持有读取设备的人都可以接近你并读取相关信息。

（二）企业IT系统及电子商务系统漏洞

Sullivan（2011）归纳了如下常见漏洞。

1. 技术弱点

（1）未加密的通信。中间人攻击；重放攻击。

（2）操作系统和应用程序补丁不充分。

（3）防病毒软件和个人防火墙使用不充分。

（4）边界安全薄弱。

（5）应用程序安全性差。

2. 组织弱点

（1）终端用户培训和安全意识。

（2）移动设备安全防范不到位。

（3）商务电脑和网络使用不当。

很多地方都可能存在漏洞，而诸如射频识别技术之类的漏洞，我们可能根本没有考虑到。

（三）电子商务的安全形势和需求

使用信息安全策略可以防御攻击和攻击者。

1．信息安全的内容

电子商务安全指预防和应对网络攻击和侵入。例如，用户如果在一个网站查找某个产品宣传页，而网站要求用户先填写包含用户或企业信息的一张个人信息表进行注册，然后才会为用户提供产品宣传页。在这种情况下，可能会带来哪些安全问题？

从用户视角：

（1）用户如何知道经营网络服务器的公司是否合法。

（2）用户如何知道网页和表格是否被间谍软件或是其他恶意软件入侵。

（3）用户如何知道是否会有某些不讲诚信的员工截取或是滥用注册信息。

从企业视角：

（1）企业如何知道用户是否会在网站上试图侵入网络服务器或是更改网页内容。

（2）企业如何知道用户是否会试图切断服务器使其他用户无法使用。

从双方视角：

（1）双方如何知道他们的网络通信有没有被第三方在线窃听。

（2）双方如何知道在服务器和用户浏览器之间传来传去的信息有没有被更改。

这些问题集中反映了电子商务交易中形形色色的安全问题。在涉及电子支付的交易中，还会面对更多的安全问题。

2．电子商务安全需求

要保证电子商务安全，需要做到以下几点。

（1）认证。认证（authentication）就是一个确认个人、软件客户端、电脑程序或是电子商务网站等主体真实身份的过程。传输认证就是确认发送者是那个指定的发送人或企业。

（2）授权。授权（authorization）是决定什么样的受信主体可以被允许进入或是进行操作的过程。授权发生在认证过程之后。

（3）审核。个人或程序登录网站或访问数据库的时候，很多相关的信息都会记录到一个文件中，这个记录访问内容、访问时间以及访问人员的过程就称为审核。审核提供了一种检查历史操作的方式，可以为电子商务安全调查人员查找哪些个人或是程序进行了非授权的操作。

（4）可用性"负载平衡"硬件和软件等技术可以确保可用性。

（5）不可抵赖性。不可抵赖性（nonrepudiation）与认证密切相关，就是要保证在线客户或贸易伙伴无法否认他们的购买、交易或其他责任。不可抵赖性涉及以下几种证明文件：

1）发送方持有发送证明；

2）接收方（电子商务企业）持有发送方身份证明。

认证和不可抵赖性是防御网络钓鱼和身份窃取的最基本手段。为了保护并保证电子商务交易的相互信任，通常用数字签名或是数字证书来验证交易的发送者和交易时间，这样交易过后就无法再声称交易未经授权或交易无效。

（四）防御者的策略和方法

网络安全人人有责。一般来说，信息系统部门和安全软件供应商提供技术支持，而管理者提供行政支持。这些安全策略也同样需要用户的配合。

1. 电子商务防御计划和策略

制定一个多层次的电子商务安全策略（EC security strategy）是非常有效的。电子商务安全策略包括三个部分，即威慑、阻止和检测未经授权使用企业品牌、身份、网站、邮件、信息及其他资产，或是试图诈骗企业、企业客户和员工等行为。威慑措施（deterring measures）是指可以迫使犯罪分子放弃攻击某个特定系统的想法的措施（比如规定内部员工可能会被开除）。阻止措施（prevention measures）可以阻止未经授权用户（也称入侵者）侵入电子商务系统（比如可以要求验证密码）。检测措施（detecting measures）可以检查入侵者是否正在或是已经试图侵入电子商务系统、有没有成功侵入、是否仍在破坏系统以及他们可能已经完成的操作。

信息安全。确保消费安全可靠是提升消费者使用体验的关键因素。

电子商务安全的根本目标就是信息安全。信息安全（Information Assurance，IA）就是保护信息系统里存储、处理、传输的数据不受未经授权的访问或修改，保护正常授权用户服务不中断，以及各种必要的检测、记录和抵御威胁的措施。

2. 相关处罚

安全防御的一个重要部分就是严惩抓获的犯罪分子，法官对此类案件的判罚越来越严厉。例如 2010 年 3 月，联邦法官判决盗取并出售数百万张信用卡卡号的艾伯特·冈萨雷斯（Albert Gonzales）入狱 20 年。这样的判决有力地威慑了黑客，间接促进了安全防御工作。然而，还有很多案件处理过轻，不足以阻止更多的犯罪活动。

（五）恢复

在网络安全斗争的每个回合中，都会有赢有输，但没有人可以最终赢得这场斗争。另外，一次安全侵入事件后，机构和个人都会进行恢复工作。在预防灾难或是严重攻击过程中，恢复工作尤为重要，并且恢复的速度还要够快。机构在信息系统全面恢复之前，正常业务还不能中断，它们需要尽快恢复。这就需要制订一个业务持续和灾难恢复计划。

第三节 攻击性方法

黑客常用一些免费获取的软件工具及相关使用教程，以了解有关漏洞和攻击程序的知识。虽然有些免费工具也需要专业知识，但黑客新手还是可以尝试其他很多工具。技术攻击的主要方法有：

（1）恶意代码：病毒、蠕虫以及木马。

（2）非法入侵。

（3）拒绝服务攻击。

（4）垃圾邮件和间谍软件。

（5）劫持（服务器、网页）。

（6）僵尸网络。

一、恶意代码：病毒，蠕虫以及木马

恶意软件的设计目的就是在未经用户同意甚至是在用户不知情的情况下，侵入或是破坏用户的计算机系统。恶意软件是计算机专家用于指代各种恶意的、侵入性的或是烦人的软件或程序代码的术语。

恶意软件并不是以其特征来界定，而是看编程者是否怀有恶意。计算机病毒、蠕虫、特洛伊木马、隐藏程序、间谍软件、虚假广告软件、犯罪软件以及其他恶意的有害软件都属于恶意软件。

（一）病毒

病毒（virus）就是这样一种软件代码，它把自己植入宿主甚至是操作系统，当运行其宿主程序时就会激活病毒。病毒有两个构成要素，一个是有一个传播机制来传播病毒，另一个是一旦病毒被触发会带来一定影响。有时，一个特殊事件也会触发某个病毒。例如，米开朗基罗（Michelangelo）的生日日期就激活了 Michelangelo 病毒。2009 年 4 月 1 日，整个世界都在预防一种叫做 Conficker 病毒的爆发，幸好只发生了有限的几起攻击。有些病毒只是简单地感染并传播，而有些病毒则会造成破坏性损害（如删除文件或是破坏硬件）。

当前，基于网页的恶意软件非常普遍。例如，犯罪分子运用的博客攻击工具、网页插件和 Flash 等。

（1）带病毒的电子邮件。它会感染读取邮件的系统并传遍整个机构（不要打开可疑附件，不要被"您的邮件"等信息迷惑）。

（2）网络病毒。它可以通过那些未设保护的端口侵入并危害整个系统。

（3）基于网页的病毒。它会通过感染正在浏览它的系统，感染其他联网系统（如果不能 100％确保软件安全．请不要随意下载免费软件）。

（二）蠕虫

在微软的使用教程中，会教你如何识别计算机病毒，如何判断你的计算机是否已经受到感染，以及怎样预防病毒。蠕虫和木马都是比较特殊的病毒种类。

和病毒不同的是，蠕虫（worm）的传播并不需要人类的帮助。蠕虫通过网络传播和感染电脑或移动设备，甚至通过即时消息也可以传播。此外，病毒仅影响受到感染的计算机，而蠕虫有自我传播的特性，会影响整个网络的通信功能。蠕虫由多个部分构成，包括一个攻击弹头、一个传播引擎、一个有效载荷、一个目标选择机制和一个扫描引擎。攻击弹头就是一些会寻找已经知道的漏洞并进行攻击的代码。大量的蠕虫已经充斥着整个互联网。

2008 年 12 月，Koobface 蠕虫病毒攻击了 Facebook、MySpace 以及其他一些社交网站。此次攻击伪造了一些很逼真的链接，当你点击这些链接的时候，就会让黑客有机会获取用户的一些敏感的个人信息。

（三）宏病毒和宏蠕虫

当你打开包含宏模块的应用程序或是执行某个特定的程序时，宏病毒（macro virus）［也称宏蠕虫（macro worm）］就会被触发。因为蠕虫传播的速度远快于病毒，所以企业需要积极跟踪新的安全漏洞，并安装相应补丁文件进行修复，以预防蠕虫传播。

（四）木马

木马（Troj an horse）是一种貌似有用的软件，实际上却隐藏着威胁计算机安全的程序。木马这一名称来源于希腊神话中的木马。传说在特洛伊战争期间，一匹巨大的木马被作为礼物献给雅典娜女神。特洛伊人把这匹木马拉进了城门。在夜晚，藏在空心木马中的希腊士兵打开城门，把希腊军队放进城，占领了城池并赢得胜利。

木马程序种类繁多。黑客比较感兴趣的是那些可以通过网络远程控制受感染电脑的木马程序。这种木马由服务器和客户端两部分构成。在受感染的电脑上运行的程序就是服务器，黑客用于进行远程操控攻击的程序就是客户端程序。例如，有一种通过大型僵尸网络传播的 Zeus 木马，它利用按键追踪技术盗取用户金融信息。还有一种叫做 Girlfriend 的木马，它把自己伪装成类似有趣的游戏或程序，当不知情的用户运行这个程序的时候，不知不觉中就安装了该木马程序。用户每次打开装了木马的计算机，木马程序就会作为服务器自动运行，等待执行相关客户端发送的操作命令，黑客可以通过这种木马程序盗取用户名和密码、查看受感染电脑的相关信息、删除和上传文件等。

二、拒绝服务

拒绝服务攻击［denial-of-service（DoS）attack］是指以大量的服务或是登录请求针对某个网站服务器进行轰炸，使其崩溃或是无法及时做出回应。在一次 DoS 攻击中，攻击者通过特殊软件向目标计算机发送大量的数据包，目的就是使目标计算机超载运行。很多攻击者都是依靠那些由别的黑客编写的软件程序进行攻击，而不是自己亲自编写攻击程序，因为这些程序可以很方便地从网上免费下载。利用僵尸计算机发起攻击是一种常见的 DoS 攻击方法。

DoS 攻击很难阻止。所幸，由于近年来这种攻击已经司空见惯，网络安全界已经开发出了一系列抵御这些代价高昂的攻击的方法。

三、网络服务器和网页劫持

网页劫持（page hijacking）通过制作一个热门网站的流氓拷贝来实现，所拷贝网站的内容和原网站基本类似。一旦有不知情的用户被引导并登录了恶意网站，垃圾邮件发送者就可以运用这种技术，获得关键词更高的排名，然后就会有更多人访问这个网站。

四、僵尸网络

僵尸网络（botnet）是指利用大量（多达成千上万台）受到劫持并被设置成自动匿名运行的网络计算机。这种网络可以用来转发包括垃圾邮件和病毒等在内的信息到其他网络计算机。受到感染的计算机就被称为计算机机器人或僵尸，僵尸主控机或僵尸牧民控制着这些僵尸计算机。这种僵尸计算机组成的网络具有扫描并侵入其他计算机和发动 DoS 或其他攻击的能力。僵尸网络被用于垃圾邮件和欺诈。僵尸网络以多种形式出现，可能是蠕虫，也可能是病毒。影响较大的僵尸网络有 Srizbi、Cutwail、Torpig 和 Conficker 等。

五、恶意广告

恶意广告听起来像是一种很炫的虚拟游戏，其实它就是一种网络上的虚假广告，目的是引诱你将恶意软件下载到你的计算机中。最常见的虚假广告就是你不需要的安全软件，相反这些安全软件可能会危害你的电脑。这就是通常所说的"流氓安全软件"或"恐吓软件"。

总之，如果你收到一封恭喜你赢得一大笔金钱并告诉你"详情请看附件"的邮件，千万不要打开。

第四节 电子商务安全的防御策略

一、电子商务安全策略

电子商务安全策略主要围绕信息保障模型及其相关要素展示。图 6-1 就是一个电子商务安全策略的基本框架，描述了信息保障和控制的主要类型。电子商务安全策略涉及的最主要领域就是管理、财务、营销和运营。图 6-1 中仅列出了一些关键点，但在各个领域中相关要求也会有所交叉。

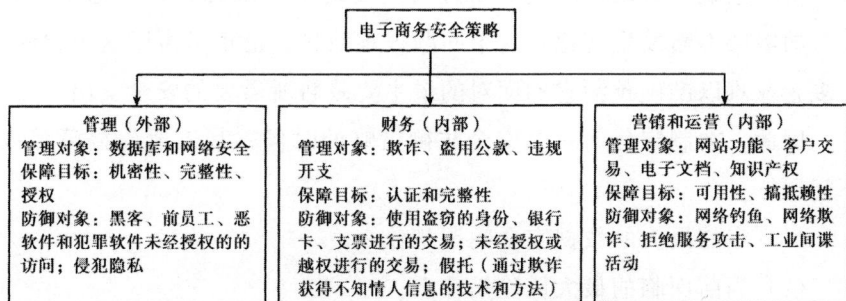

图 6-1 电子商务安全策略的基本框架

（一）安全防御的目的

安全防御策略的主要目的有以下几个方面。

（1）防御和威慑。良好的管理可以防止错误的发生。威慑试图攻击系统的犯罪分子，最好的效果就是拒绝一切未经授权的访问。

（2）检测。攻击就像火灾一样，发现得越早，处理起来就越容易，造成的损失也就越小。通过使用专用的诊断检测软件，在很多情况下我们就可以用很小的成本完成相关检测任务。

（3）损害控制。其目的就是在发生故障的时候，减小或控制损失。实现这个目的就需要采取安装容错系统之类的措施，容错系统可以在系统彻底恢复之前，确保系统在低级模式下仍可以运行。如果没有容错系统，就必须快速（可能也是代价巨大的）恢复系统，因为用户总是希望他们的系统能够尽快恢复正常。

（4）恢复。恢复计划就是要以最快速度恢复受到破坏的电子商务系统。快速恢复过程中，对损失的部件直接更换往往比修复更加高效。

（5）矫正。矫正那些造成系统破坏的因素，可以防止相关问题的再次发生。

（6）认识和遵守。所有员工都要接受与危害相关的宣传教育，并严格遵守安全管理的法律法规。

（二）安全支出和需求之间的差距

信息安全管理中需要关注的一个重要问题就是，究竟需要付出多大代价（金钱、劳动和时间）来应对主要的安全威胁。由于电子商务面对的威胁不断发生变化，这个问题很难回答。也正是由于这个原因，许多企业难以准确预测它们面对的最主要威胁所需要的安全支出。

因此，在制定任何一个安全防御策略的时候，都需要先搞清楚以下问题：

（1）当前最大的数据安全问题是什么。

（2）当前面临的最大风险是什么。

（3）需要支出哪些费用？这些费用与风险是否一致。

（4）安全管理工具方面的支出可以为我们带来什么样的收益（包括无形的收益）。

（5）安全事件（本企业发生的以及全社会的）造成了什么样的

损失。

（6）降低安全损害的最核心的安全技术是什么（如防火墙和防病毒软件通常是最核心的）。

（7）接下来制定安全预算的主要原则是什么。

（三）安全需求评估

制定安全策略时另一项重要的工作就是要搞清楚当前的策略和应对方案中还有什么不足之处，这也是风险评估的一部分。评估的方法有很多，这里列出的是具有代表性的两种方法。

（1）对电子商务系统进行漏洞评估。漏洞评估（vulnerability assessment）就是对系统中的漏洞进行查找、统计和认定的过程。在电子商务中需要重点关注的是网络、数据库以及预防欺诈等。概括来说，那些可以影响业务的漏洞就是最为严重的信息安全漏洞。漏洞可能是由网络造成的，也有可能是由硬件或软件造成的。不管形成原因是什么，最终造成的结果就是数据丢失或性能下降。漏洞评估将决定安全防御机制的相关需求。

（2）进行模拟渗透测试（可由具有黑客经验的人进行）。这种测试就是模拟外部攻击，也称为"黑盒子"测试。相反，软件开发公司进行一种内部的"白盒子"测试，对系统的硬件和软件进行细致的检查。

（四）渗透测试

渗透测试（penetration test，pen test）是一种通过模拟恶意攻击来评估计算机系统或是网络安全性的方法。测试过程包括主动分析系统的所有潜在漏洞和可能遭到的攻击。这种分析从潜在黑客的角度出发，分析黑客可能利用的安全漏洞。所有发现的问题及其影响的评估都将反馈给系统开发人员，同时还会提出相关技术性建议。渗透测试的目的就是检查系统遭到攻击的可能性，以及一旦遭到攻击将会对相关业务产生多大的影响。渗透测试是全面安全审核的一部分。

有多种方式可以进行渗透测试评估（有的方法只有咨询公司才可以开展）。同样，有很多软件工具可以进行渗透评估。很多大学、咨询公司和网络安全公司都提供网络和计算机安全培训和相关信息。

（五）电子商务安全和生命周期管理

电子商务安全管理具有周期性，在整个生命周期中必须不断对电子商务安全需求进行评估，并做出相应调整。电子商务安全管理计划（EC security program）涉及一系列保护企业财产安全的安全控制措施。

信息系统安全生命周期管理是指通过信息整合，在信息系统从概念设计、编程开发以及正式发布到结束使用整个生命周期中坚持安全管理理念。这需要完善的信息保障措施。

二、电子商务系统防御

电子商务系统防御可以分为六个方面。

（1）计算机系统访问权限、数据流和电子商务交易的防护。此类防御主要包括三个方面：访问权限控制（包括生物识别技术）、内容加密和公钥基础设施。这个方面的防护主要是保护企业的数据、应用程序和计算机设备。入侵者即使绕过了防火墙的访问权限控制，也要面对经过加密的防护。

（2）电子商务网络保护。这里首先着重学习防火墙的防护功能。防火墙把企业网络与计算机和公共网络（主要是互联网）隔离开。为了使互联网访问更加安全，还可以使用私人虚拟网络。

（3）普通权限、管理员权限和应用程序权限控制。这些都是通过建立向导和检测程序来保护计算机设备的多种安全策略。

（4）社会工程和欺诈防护。包括预防垃圾邮件、网络钓鱼和间谍软件。

（5）灾难防备、业务连续性和风险管理。这些都是管理方面的内容，可以用软件辅助管理。

（6）实施企业安全计划。

第七章　支付系统与网络银行

电子支付是电子商务中一个极为重要的、关键性的组成部分。传统商务可以说是被电子商务全方位的碾压，不管是商家还是个人都因为电子商务独具一格的优势所吸引，也驱使了消费的提升。当人们在网上进行交易时，第一个要面对的就是在整个交易过程中，怎样保证自己是在安全的环境下进行电子支付的。下面对电子支付的定义、电子支付的方式与特点、电子支付的安全性等问题进行较为深入的探讨。

第一节　支付领域的革命

2003 年是使用现金、支票、信用卡在商店购物的转折点。当年，使用信用卡和借记卡购物的总量首次超过了使用现金和支票购物的总量。从那天开始，在商店购物用借记卡和信用卡支付的超过了 50％，其余的用现金和支票支付。信用卡使用的快速增长应归因于大量使用借记卡和使用现金在减少。最近几年，借记卡使用由于《美国电子资金转账法案》的修改得到了快速增长，该法案取消了要求商家在顾客使用借记卡购买 15 美元以下商品必须出具票据的规定。

类似的趋势也发生在经常性账单的非现金支付方面。2001 年，所有经常性账单的 75％以上用纸质方法支付（如纸质支票），而少于25％的账单使用电子化方法支付。现在采用电子化方式支付经常性账单的百分比超过 50％。

几十年来，人们一直谈论无现金社会，尽管现金和支票的消亡肯定不会即刻实现，但许多人还是能够在没有支票和几乎没有现金的情况下生活。在 B2C 在线世界里，人们已经这样做了。纵观当今世界，尽管存在一些流行其他支付方法的国家，但大多数在线交易已经使用信用卡支付。例如，德国的消费者喜欢用要么借记卡，要么银行卡支付，然而，在中国人们依赖借记卡。

对于网上的 B2C 供货商，这些趋势的影响是明确的。在大多数国家，不管成本多少，没有支持信用卡的支付系统，进行在线交易是很困难的。所以，支持借记卡支付也会变得越来越重要。实际上，同线下交易一样，在网络世界借记卡支付的交易量可能会超过信用卡支付。对那些对国际市场感兴趣的商家来说，要有一个支持各种电子支付的机制，包括银行转账、货到付款、电子支票、商家标记卡、礼品卡、即时信用卡和其他无卡支付系统如贝宝。能提供多种支付类型的商家就会降低购物车空置率和提高订货交易的成功率，总的来说，其结果是收入的增加。

在电子支付不长的发展历史中，试图引进非传统支付系统的企业数不胜数。最近一家进行这种尝试的是 Bitcoin 公司，该公司网站是在2009 年由中本聪创立的对数字货币进行加密的支付系统。比特币（Bitcoin）也适用于使用比特币的软件和用比特币交易的网站。比特币只能被所有者使用，并且只能使用一次。这种货币按理应被广泛使用。可是，就像有些人评论的那样，与在此之前的一些支付方式一样，仍然处于初期阶段，所以，很难确定比特币是否会获得成功。

任何一种支付系统能够被广泛接受，必须花费许多年的时间。例如，信用卡是在 20 世纪 50 年代被引用的，但直到 20 世纪 80 年代开始才广泛使用。任何电子支付方法成功的关键因素就是"鸡和蛋"的问题：买方很少使用的方法怎么能让卖方使用呢？同样卖方很少使用的方法怎么能让买方使用呢？有许多影响大量用户是否使用某一电子支付方法的因素。下面列出了一些关键因素。

（1）独立性。某些形式的电子支付需要专门的软件或硬件实现支付过程。几乎所有的支付形式都要求销售方或厂商安装专门的接受和授权软件。那些要求支付方安装专门组件的电子支付方法不太可能成功。

（2）互用性和可移植性。所有形式的电子商务都在和其他企业系统及应用相联网的系统上运行，一种电子支付必须与这些现存系统及应用匹配，并获得标准网络平台的支持。

（3）安全性。如何使传输内容安全？传输内容不安全的后果是什么？再次重申，如果支付方的风险比收款方的风险大，支付方就不可能接受这种支付方法。

（4）匿名性。不像使用信用卡和支票，如果一个人使用现金，将无法跟踪到现金使用者。有些买家希望他们的身份和购买意图保持隐匿。为了保证专门的支付方法成功，就必须保持匿名，如电子现金。

（5）可分性。大部分销售商只对最低限和最高限之内的购买交易接受使用信用卡。如果某项商品购买额太小，例如，只有几美元，就不能使用信用卡；另外，如果购买某项或几项商品的金额太大，也不能使用信用卡（例如，航空公司购买一架新的飞机）。任何能够解决较低及较高的商品价格或采购金额范围跨度很大的支付方法就可能会被广泛接受。

（6）易使用。对于 B2B 电子支付，由于使用方便，信用卡被广泛接受。而对于 B2B 电子支付，问题是在线电子支付方式是否能替代现有的线下的采购方法。

（7）业务收费标准。当信用卡被用于支付时，供应商支付的交易费达到每项购买价格的 3％（超过最低固定费用）。这些费用使得供应商不支持用信用卡微支付购买，因此为其他支付形式提供了机会。

（8）跨国支持。电子商务是一种世界范围的现象。一种支付方法在广泛采用之前，必须在国内购买交易及国际贸易需求中容易采用。

（9）管理规章。一系列国际性的规则、美国联邦和州的法规制约着所有的支付方法。甚至现有的机构或协会在引入一种新的支付方法的时候，要面临一系列严格的监管问题。例如，贝宝支付平台不得不面临一些由州总检察长提起的诉讼，认为贝宝违反了国家金融法规。

第二节　常见的电子支付的方式

目前世界各国普遍使用的支付工具，可以分成现金支付和非现金支付两大类。现金支付是目前最方便的小额支付方式,即使在发达国家也是如此。它的特点是交易笔数多,而交易额少。在发达国家,现金支付正向两个相反的方向发展。一方面,由于电子支付转账应用越来越普遍,现金支付数量呈下降趋势;另一方面,由于技术的进步,特别是 ATM 的广泛普及,也使得存取现金更为方便,使现金使用量又有回升。当然这两种不同趋势在不同的国家、不同的时期表现是不完全相同的。非现金支付是支付工具中的主体,从字面上也能理解此支付形式是不能使用现金来进行的,所以它支付时所使用的方式是以金融服务与银行账户来进行的。类似于电子钱包、银行卡、借记卡、智能卡、支票等,可以此将电子支付的工具分成电子货币、银行卡、电子支票这三大类。

一、电子货币

在货币的历史进程中,电子货币的到来使货币登上了一个新的舞台。随着社会的进行,人们生活质量的提高,对于电子货币的认识也越来越深入,而它的使用率也逐渐在提升,在交易时纸币相对来说还不如电子货币方便,所以也使其深受大家喜爱。电子货币不仅可以用于消费,还能存取款,不但有转账功能,还可以向银行申请信贷业务等各种取代现金的交易方式。如我们所知,信用卡的使用一般是在日常消费上,但是工资的代发、移动话费的充值、有线电视费用的缴纳都可以利用信用卡来实现,甚至在某种信用卡提供转账业务如持卡人将银行存款的借记卡账户向所投资的证券账户完成转账,使资金更加灵活等。诸如此类的多种形式的电子货币的使用方法,不仅比印纸币的成本要少,而且更加环保。更值得一提的是,电子货币没有假钞一说,所以安全性更高,而便利性也远远超过纸币。

(一)电子货币的含义

电子货币作为一种虚拟货币,是在银行电子化技术高度发达的基础上出现的一种无形货币,通过某些电子化媒介和方法将电子数据直接转交给支付对象。它包含储值以及预付支付机制。储值是一种预存在硬件或卡介质中间的一种价值，而预付支付机制则类似于现今社会中的信用卡、蚂蚁花呗等，在特定的软件或者网络中，利用客户的个人信用，而提前支付的一种电子数据，既可以在网络上使用，也可以在实体店使用，它的组成部分通常包括数字签名以及多组二进制数据两种。

（二）电子货币的特征

从本质上来说，电子货币跟一般货币是没有差异的，它的出现代表的是社会的繁荣昌盛、经济的兴旺发达以及科学技术的进步与提高，也是支付方式中不同于其他货币的一种形式存在并使用。

1. 电子货币具有快捷、安全、方便等特征

（1）资金清算绝对是电子货币的巨大受惠者，电子货币的产生也是资金清算的一个转折点，结算方式上减轻了工作人员的负担，用电子代替了人工，打破了会计处理传票的传统方式，同时可使资金结算在瞬息间安全、可靠地完成。据统计，电子清算系统已在全世界开始普及，比方说以自动收付系统运行的伦敦票据交换所，用资金调拨系统来运作的美国各银行等。

（2）对于货币支付方式而言，从最开始的现金通过银行卡在业务上的改革而逐渐被电子货币取代其支付功能。让消费者热衷于电子货币的使用是因为其消费结算方式简单，便利也是源于有形的货币化身为无形的资金时所产生的特质而形成的。

2. 电子货币具有融合多种功能、进行金融产品创新的特征

商业银行通常会把电子货币作为媒介，将投资、结算、信贷以及储蓄等与电子货币相结合，给金融产品带来了新的理念，增添了更多新的功能。预先授权是指客户不仅可以向不同的账户直接存入定期收入，同时还能将以不同形式存于银行账户的资金进行随意的调整。

客户的信息资料是电子银行系统的基础，而在管理上也不再是过去的传统式账户管理，把客户所有账户的一切业务以统一的管理为核心，把存、贷业务合并为客户管理的目的意义所在。客户进行贷款申请与审批手续时最多需要半小时的时间，是在香港大新银行的自助贷

款机上实现的。

3. 电子货币具有国际上广泛流通的特征

作为国家的货币，也是国家政治主权与纸币的密不可分的一种表现，不同的国家的纸币形式与形态都能体现其自身浓重的民族色彩，以国为单位，将不同货币进行兑换时也是存在一定的局限的，而打破这一兑换局限的是电子货币。作为信用卡国际组织万事达与维萨卡，在 1987 年由中国银行率先加入，也带动了另外的商业银行陆续加入其组织。

（三）电子货币的类型

信用卡应用型、存款利用型、现金模拟型、储值卡型等这四大类型，是国际上迄今为止最为广泛应用与流行的。

1. 储值卡型电子货币

政府机关、商业银行、IT 企业、电信部门、交通部门等是 IC 卡与磁卡这种电子货币的主要发行者，其可使用的系统是具有封闭性的。在银行存款以外且具有独立性的新的"存款账户"是等值相对应的储值卡的发行者。客户每花销一笔费用就会产生相应的减扣，即将货币在存款账户中进行扣除。

2. 信用卡应用型电子货币

以贷记卡或准贷记卡的形式由商业银行、信用卡公司所发行，但其对于消费金额以及还款方式有一定的要求，其要求是由消费所产生的贷款，必须在规定时间内连本带息地向所发行卡的银行进行还款，即信用卡应用型电子货币的定义及应用方式。

3. 存款利用型电子货币

电子货币有一种类型是存款利用型，其支付方法是以电子化为主，在进行现金的支取、资金的转账、资金的划拨以及结算等功能的运用时，是利用计算机中的通信网络安全移动存款货币来实现的。以计算机网络为依据，不同的计算机网络所进行的电子结算方法会有所差异，对于转账结算来说，有两种方式，即封闭式网络与 Internet 开放式网络。

Internet 开放式网络的转账结算是建立在 Internet 开放式网络基础上的，主要有两种：一是安全第一网络银行（Security First Network Bank，SFNB）的资金结算账户服务，采用的是顾客在 Internet 上直接对银行发出转账指令，然后移动存款的结算方式；二是电子支票系统是由金融服务技术国际财团所推出，其实施的项目是电子支票，而在其支票内容上利用密码技术来进行加密，再以电子邮件的方式授信来实现结算。

（四）常见的电子货币

到目前为止，已有多种电子货币解决方案。从目前电子货币的发展情况来看，电子现金与电子钱包无疑是影响较大的两种电子货币。

1. 电子现金（Electronic Cash）

于货币的流通而言数据是电子现金的表现形式，于货币以现金的作用出现的方式来说电子现金是其的表达形式。序列数且对其进行加密是现金的数值进行转换后的产物，而金额的币值大小所对应的便是不同的序列数。

电子现金具有如下特性。

（1）独立性。单纯的物理上对电子现金的安全是远远不够的，所以在电子现金的安全上进行加密工作的实施是必不可少的。

（2）不可重复花费。电子现金在花费上不存在重复性的，便于检查，其的使用是有且仅有一次的。

（3）匿名性。用户在使用电子现金进行购买行为时，不管是商家或是银行都无法对其电子现金的使用情况得到具体的数据信息，甚至是联手也无法获知其电子现金的流向。

（4）不可伪造性。电子现金具有不可复制性，不论是在电子现金的制造上，还是凭借有效的电子现金信息都不可能创造出有效的电子现金来。

（5）可传递性。于电子现金来说，其使用与纸币是具有相似性的，用户与用户可以随意进行电子现金的转换，而且保密性强。

（6）可分性。在使用时可以整体的方式进行，但是划分为多个小部分进行使用也是可行的，对于金额的支付是任意模式，但前提是所使用的面额无论是以整体的方式还是按部分的方法，总金额都不能超过原电子现金的面值。

而灵活且不可跟踪的电子现金有利也有弊，直接跳过银行网络的步骤进行，也使管理、发行以及安全验证上存在很大的漏洞。因为电子现金从技术上来说是无论哪个商家都可以推出使用的，如果不能正确地引导与控制，那么经济金融问题也离我们不远了。

2. 电子钱包（Electronic Wallet）

在电子商务活动中，以新型的面貌所展现出来的钱包即为电子钱包，也是进行购买商品或者购物时所使用的结算与支付的一种工具。其在用途上是比较广泛的，不仅可以存储信息、还有使用了密码锁进行安全的保障，钱包的存在形式还是电子化的，其所使用的系统是以智能卡的方式用电子化的现金支付系统进行使用。消费者在电商平台进行购物时，通常都会以这种新式"钱包"进行线上的电子交易或者查询存于软件系统中的交易记录。它的存储的位置可以是信用卡中，也可以是电子现金的形式等，一如普通钱包一般，另外在电子安全证书的管理上，能自主地进行证书的删除、存储、申请等，相关信息还可存储在电子商务平台的收银台，以及还可查询交易记录和地址的信息或变更。

二、银行卡

（一）信用卡

银行信用卡是商业银行等金融机构向个人和单位发行的，持卡人可以凭此以向特约单位购物、消费和向银行存取现金，银行依据个人消费信用程度来设定信用卡可用额度，是一种特制的载体卡片。通常情况下，银行给予的免息期为结账目后一个月左右，即为消费者在消费后的一个月内还清款项，则无须支付利息，如不按期归还，则会影响个人征信。我们可以通过磁卡的背面签名条的不同来区分借记卡和信用卡，印有3位阿拉伯数字的CVV码的就为信用卡。人们可以自行在网上申请信用卡或者是在银行柜台申请，银行会根据个人基本情况及银行自身的承受能力，来确定信用卡的用卡额度。

信用卡具有以下三项基本功能。

（1）储蓄的功能。信用卡跟借记卡一样，同样具有储蓄功能，而且相比储蓄存折更为方便快捷，储蓄存折只能在同城办理，但是信用卡就不受存款地点和存款储蓄所的限制，可以在全国范围开办有信用卡的城市银行柜台或者 ATM 进行存取款业务。而且信用卡取款时银行还需审查持卡人的身份证，这样提高了信用卡使用的安全程度。信用卡存款的利息也同当期活期存款利息一致。

（2）转账结算功能。信用卡最主要的功能是顾客在消费后，不需要支付现金，通过信用卡签单方式就可以快捷支付，这样既减少了现金的使用，同时也节约了社会劳动力。信用卡具有便利的转账结算功能，为广大持卡人提供了方便快捷的服务。

（3）汇兑的功能。信用卡同样具有汇兑的功能，持卡人在不方便带大量现金出去时，就可以在发卡银行所在地办理存款手续，然后再在汇入地储蓄所办理取款手续。手续费就按照金额的 1‰ 收取，如果是非发卡银行所在地存入现金的话，手续费就参照中国人民银行结算办法有关汇兑收费的规定收取，收取 1‰ 表示是千元以下的，而千元以上的则是以 10 元进行收取的，存取现金如果是在同城范围内的话，还可以免收手续费。

（二）借记卡

借记卡是指持卡人在发卡银行先存款、后进行交易的银行卡。借记卡便于携带，既可在银行柜台存取款，也可在 ATM 上进行操作，非常方便。借记卡与信用卡是截然不同的，信用卡是提前消费，而借记卡是必须是卡内有余额才可以进行消费使用，同时存在账户内的金额也会因其的储蓄功能得到一定的利息。当然也有一小部分借记卡是可以透支的但是短期行为，其规定是每月月底对于透支的金额必须全数还清。假如对现金有要预支的需要，那便会产生一定的手续费，这种银行卡因其具有支付性也叫做支付卡。

（三）智能卡

智能卡（Smart Card 或 IC Card）是一种内嵌有微处理器及大容量储存器的集成电路卡，它是由一个或多个集成电路芯片组成，并封装成塑料卡便于人们携带。因为智能卡的先进性及方便性，许多银行都在现有的银行卡的基础上发行了各式各样的智能银行卡，广泛应用于银行电子付款卡、信用卡和电子钱包等。

智能卡（Smart Card 或 IC Card）又称为芯片银行卡，是以芯片作为介质的银行卡，采用集成电路技术，是在现有的磁条银行卡的基础上更新发行的，更具有先进性，同时具有容量大，功能齐全、方便快捷、安全高效等特点，已越来越被人们所接受并广泛应用，是现今社会的一种新型结算工具，同时也标志着我国银行业安全标准和服务能力的进一步提升。

三、电子支票

（一）电子支票概述

支票是一种支付工具也是属于借记式的一种。以付款人账户中结算先前收款人账户的贷用款项并予以支付的行为便属于借记支付。付款人以书面的形式对其账户所在的开户行发出付款指令即在某日期范围内向收款人支付其规定金额。在进行收款行对付款行进行转发操作的同时，付款人的账户也因此会出现一笔赊账，而支票也是付款方进行授权借记托收指令的产物。也因为它是以借记支付的形式存在，所以签发支票后在没有进行兑现前，付款人是不需要支付利息给银行的。而借方的宽限期一旦增长，于支付系统来说其效益与安全性都会存在一定的威胁，所以银行在支票支付业务上一定要处理得及时且迅速。

为了提高处理效率，许多国家在支票标准化方面已经做了大量工作，对支票纸张的强度、物理特性、信息内容等都有明确的规定。有的国家的支票采用磁性墨水书写，便于自动识别，有的国家则采用了光学字符识别技术，使计算机自动处理成为可能。

电子支票包含三个实体：购买方、销售方及金融中介。在购买方和销售方达成一笔交易后，销售方要求付款。购买方从金融中介那里获得一个唯一凭证。购买方把这个付款证明交给销售方，销售方再交给金融中介。付款证明是一个由金融中介提供证明的电子流。更重要的是，付款证明的传输及账户的负债和信用几乎是同时发生的。如果购买方和销售方没有使用同一家金融中介，则使用标准化票据交换系统。

（二）电子支票的基本流程

1. 电子支票的基本流程

（1）顾客在银行开设账户用于支票存款项目。将款项存于内，获取其的使用权。

（2）申请人使用电子支票的权利是由开户行对其进行资信情况的审核后来判定的。

（3）客户在进行网购时，当商家收到由客户填写好的订单利用电子支票生成器与由开户行的授权证书所生成的当笔电子支票的支付款项即可。

（4）收单行是商家利用支付网关进行为其电子支票信息的验证部门，同时将验证结果对商家进行反馈。

（5）商家对于客户的购物行为按支票是否有效来进行确认，有效则安排发货，反之，则不予受理。

（6）收单行根据商家提供的支票在支票期限内予以兑现。

2. 电子支票的优势

（1）不再需要纸张与现金而进行付款的电子支票方式，购物者只需凭借有证明意义的电子支票来进行付款即可，跳过了许多烦琐的步骤提高了工作效率。

（2）电子支票的交易安全性上是有即时性的，在一定时间内不予支付即失去购买资格，在成本上不仅节约了时间成本也减轻了财务的负担，就算是支票不幸丢失或者被盗也无须过分担心，处理起来便捷有效。

（3）于线上服务而言，电子支票简单、方便。譬如，对于交易双方的数字签名可以自动进行且确保其真实度,实现了新的结算流方式的运行,于安全性来说更为妥当。

(4)在运作方式方面,不管是传统的支票还是电子支票,顾客都无须进行复杂的学习与培训,上手极快。而以传统支票的基本特性与灵活性为前提,在此基础上又可延伸新的功能,且对于了解与掌握上都可以很快的实现。

(5)企业市场也是电子支票的受惠者。企业利用电子支票的便捷性在网上进行结算,使工作效率大大地得到提高。

(6)电子支票要求把公共网络与金融专用网连接起来,这就充分发挥了现有的金融结算基础设施和公共网络的作用。

四、第三方支付

第三方支付是指一些和国内外各大银行签约,并具备一定实力和信誉保障的第三方独立机构提供的交易支持平台。它通过与银行的商业合作,以银行的支付结算功能为基础,向政府、企业、事业单位提供中立的、公正的面向其用户的个性化支付结算与增值服务。在通过第三方支付平台的交易中,买方选购商品后,使用第三方平台提供账户进行货款支付,由第三方通知卖家货款到达、进行发货;买方检验物品后,就可以通知付款给卖家,第三方再将款项转至卖家。第三方支付牌照,也称支付业务许可证,是为了规范第三方支付行业发展秩序而设立的。

第三节　移动支付

移动支付是指使用普通手机或智能手机完成支付或确认支付,而不是用现金、支票或银行卡支付,顾客可以使用移动电话购买一系列的服务、数字产品或实物商品。例如:

(1)购买音乐、视频、铃声、在线游戏或其他数字商品。

(2)支付(公共汽车、地铁和火车等)交通费以及停车费。

（3）购买书籍、杂志、门票和其他实物商品。

无线运营商、智能手机销售商和移动运营商都有一个坚定的信念，即移动支付将成为一种主要的支付方式，从而可以削弱人们对银行卡和现金的依赖。2010年，Juniper市场调研机构开展的研究支持了这种观点。研究结果表明，到2014年使用移动支付购买数字产品和实物商品，以及进行货币转移、近距离无线通信等活动的交易额将会达到大约6300亿美元，比2009年对2013年的预计值增加了37%。尽管许多市场都涉及数字产品的销售（比如音乐、电子票和游戏等），但是实物商品运用移动支付的增长非常快，到2014年将会达到1000亿美元。这主要归功于智能手机的广泛应用、应用商店的不断增加（例如苹果公司的应用商店）、支持使用移动支付的铁路车票和其他形式交通票的增加，以及在亚马逊等网站购物数量的增加。

该研究还得出了以下结论：

（1）到2014年，移动支付使用最为广泛的三个地区（远东与中国、西欧和北美）的移动支付交易额将占全球移动支付交易总额的70%。

（2）批发商、零售商、内容提供商、移动运营商以及银行都在积极建立新的移动支付服务和方案。

（3）在近距离通信这样的领域，需要更广泛的协作来建立一个更易接受的支付模式，把移动服务与实体服务结合在一起。

移动支付有多种形式，包括移动近距支付、远程支付和POS系统支付。下面将进行详细介绍。

一、移动近距支付

移动近距支付方式通常用于在实体商店购物或支付交通服务费。移动近距支付工具一般包括：一部装有集成芯片或智能卡的特殊手机、一台当芯片靠近时能够识别芯片信息的专门的阅读器、一个支持处理交易过程的网络环境，实际上就是消费者通过在阅读器前晃动有特殊装置的移动电话来实现支付。因此近距支付通常也称为非接触型支付。非接触型支付几乎不需要附加验证码（如PIN码），钱就直接从预付账户中扣除或者直接从手机或银行账户里收取。

移动近距支付在美国只用于少数试点项目。例如 2008 年 1～5 月，旧金山湾区的地铁系统（简称 BART）选定一些乘客，允许他们使用手机交费。地铁系统使用近距通信技术（NFC）。通常乘客的手机配备具有 NFC 功能的芯片，同样带有 NFC 功能的阅读器也被安装在BART 的闸机处，通过这种方式乘客将手机轻轻叩在 NFC 阅读器上，使闸机放行，费用通过手机从他们的预付账户中扣除。这些乘客还可以用手机来支付当地一些快餐店的餐费。

和其他实验性电子商务支付系统一样，BART 系统也依靠特制的芯片、阅读器和网络来完成支付过程。因此，推广这种特定系统的可能性并不是很大，尽管试点的结果确实很成功。当然，这并不意味着NFC 不是未来发展的基本系统。最近的研究表明，在今后的几年里NFC 将在移动支付领域发挥重要的作用。

尽管许多美国公司认同 NFC 将在未来电子商务移动支付中发挥重要作用，但因为要使用特殊的阅读器和网络，社会上对此还是抱有疑虑。为了使用 NFC 进行支付，系统的所有参与者都必须加强合作。其中包括网络运营商、手机和阅读器生产商、银行、信用卡公司和应用开发商等。目前这些参与者还没有达成一致的合作意见。另外，万事达和维萨要开发它们自己的系统。但是，它们都认为移动支付将是未来的发展趋势。

二、移动远程支付方式

移动远程支付的形式也是多样化的。这些支付形式为顾客提供的服务有使用手机支付每月的账单、在网上购物、实现个人转账（P2P支付）以及为手机账户"充值"却不需要购买预付手机卡。

第四节 网络银行

一、网络银行的含义

网络银行是指金融机构利用网络技术在 Internet 上开设的银行，即为网上银行，又可称之为网络银行、虚拟银行或在线银行。为银行客户的提交方式带来了全新的理念，像传统的如行内外转账、网上证券、查询、对账、销户或者是开户等服务项目都是客户在网络平台上得以实现完成的，可以说办理这些银行业务时足不出户已经不再是遥远的梦，网络银行的到来使得人们的生活方式有了新的发展，而它的存在也是基于现实生活中的银行业务辐射过来的。随着网络信息时代的爆发，银行业务也不再局限于柜台的办理而是利用网络的便利，网络的无处不在，使银行业务在网络上全面进行，这种网上银行的全新理念，把银行现有的所有关于金融行业的业务都进行了推广，而网络银行也可以说是未来银行金融业的大势所趋。

二、网上银行的两种模式

模式一：利用互联网处理所有银行的有关业务的电子银行，此种全新的银行的发展所仰仗的对象是 Internet，美国安全第一网络银行便是世界网络银行中首个完全交易型的运作方式。

模式二：进行传统银行业务的开展时是需要计算机与网络技术相结合的，比方说发展企业银行、日常的交易处理等。模式二的电子化不完全性是主要区别于模式一的地方。而这两种都是网上银行的模式。

三、网上银行的业务

（一）商业银行业务

实时 24 小时对客户进行网上服务的是网上银行的一大特点。在线上针对商业银行的业务进行处理，比方说代办水电费、话费的充值业务、工资的发放、货币的汇兑、转账结算以及支持个人账户的查询等，当电子化完全替代传统的银行业务的办理时，或许连存取款这种业务客户都无须出门去柜台进行办理，可以说是省心、省时又省力。另外，对于银行业务这一块，在网络的促使下也有了新的业务出现，比方说在证券公司方面，其针对各方面之间的业务清算，以及消费信贷还有信息咨询甚至外币业务等。

（二）在线支付

以在线支付为网上银行的重要组成部分，利用 E-bank 进行网上交易的支付，不管商户是以 B2C 的客户商务模式的零售交易，还是商户与商户之间的 B2B 模式进行的批发交易，又或者是资金的融通和清算与各金融机构间均可使用。

（三）新的业务领域

从信息的传递性来说于网络应用上是全面地、方便地、迅速地，因此开展新业务对网上银行而言是非常有利的。就像申报国际收支、电子征信、数据统计等都可以在网络上进行操作与实施，也利于处理理财业务时进行财务信息的咨询与账户管理等工作类。

四、网上银行的特点

网上银行与传统银行业务的差异性有以下几个方面。

（一）全面实现无纸化交易

网上银行的收据、支票、汇票等都是以电子化的模式取代了过去票据和单据的绝大部分位置；而现金、钱包、信用卡等电子化的形式也占据了以前单纯的纸币形态的货币方式；而邮寄所用的纸质文件也被网络信息的电子化数据以传送的方式来取代。

（二）服务方便、快捷、高效、可靠

高效、便利、安全可靠的全面性服务是来自使用网上银行的用户的评价。不再把时间浪费在去银行的路上，也无须花时间在柜台前排队等候。在网络上的客户，只需在家或公司登录账户，实现收付交易的完成，没有时间的限制，也不受地域的局限，网上银行是无论何时何地都可进行操作的。资金也由于银行业务的电子化的方式在时间上更为快速，其利用化也得到了较大的实现，也促进了社会整体的经济效益。传统银行也因网络银行的到来受到了巨大的冲击，安全便利的服务方式使网络银行受到了广大用户的支持与应用。

（三）简单易用

使用网上银行的服务不需要特别的软件，甚至不需要任何专门的培训。只要有一台计算机和调制解调器，有进入互联网的账号，入网后即可根据网络银行网页的提示进入自己所需的业务项目。简捷明快的用户指南，使一般具有互联网基础知识的网民都可以很快掌握网上银行的操作方法。网上 E-mail 通信方式也非常灵活、方便，便于客户与银行之间以及银行内部之间的沟通。

第八章　电子商务的营销策略

网络营销（E-marketing）是指以互联网络为媒介和手段而进行的各种市场营销活动。按照美国市场营销协会 2007 年 10 月给出的定义："所谓营销，是指为客户、合作伙伴以及整个社会创造、宣传、传递、交换物有所值的产品和服务，它是一系列活动、制度、流程的综合"①。对于开展网络营销的企业来说，正确的营销策略是保证网络营销成功的关键。企业通过宣传企业产品，寻找潜在市场，管理客户关系，为自己和相关利益者创造最大收益。网络营销环境下，传统的市场营销策略被赋予了新的内容，成为独特的网络营销策略。本章主要介绍网络营销的市场细分、目标市场定位以及网络营销的品牌、定价、渠道、服务等策略，以及有关网络促销问题。

第一节　网络营销的品牌策略

一、网络品牌的开发

在极具竞争力的市场经济下，品牌营销应运而生，其发展也是历经多年的沉淀与积累后对资源进行整合继而形成建立起的管理体系且具有完整性的"品牌经理制"模式。企业在自身的知名度与品牌的形

---

① American Marketing Association. Definition of Marketing（Marketing is the activity, set ofinstitutions, and processes for creating, communicating, delivering, and exchanging offerings that hve value for customers, dients, partners, and society at large）. Approved October 2007lR/OLl（2008-06-01）　［2010-01-20］. Americon Marketing Association Website：http://www. marketingpower. com/ AboutAMA/Pages/Definition ofMarketing. aspx.

象树立时，通常会应用互联网的特性来进行提升的如交互性、全球性、媒体性等。网络的特性不会因企业的不同或者说企业的身价有所改变，于大家而言网络是具有公平性的，所以，合理科学地使用网络资源才能为自身的企业打造网络上的企业品牌与良好形象。

（1）网络品牌的开发前对市场进行调查，对消费者需求进行认识与了解是必不可少的步骤，也可以说是其开发的前提条件。只有对需求指向进行了清晰的认识、正确的了解，才能在不论是网络还是实体的市场上站稳脚跟，而品牌也能不断更新，也不会让品牌推出后因供大于求而被扼杀掉。

（2）有意识地利用电子商务建立网络品牌。2009 年，"麦包包"成为淘宝的明星卖家后，麦包包几乎成了时尚箱包、流行箱包的代名词。麦包包将网络品牌效应扩展到实体生产领域，完成了向自有品牌制造商的转变，成为一个年销售上亿元、一天可以推出 50 个新产品并且实现"零库存"的网络明星企业。在坚果市场，"三只松鼠"2012年通过网络强力推出国内第一个互联网森林食品品牌，改变了坚果没有品牌的历史，一举夺得淘宝、天猫坚果零食类目冠军的宝座，创造了中国互联网食品历史的突破。

（3）制定一些特殊的品牌策略。传统企业进入网络经济环境后，为了在网络营销中取得竞争优势，用户必须认识到在企业新的网站中同样能得到原有公司高规格的产品与服务。同时，还可以与其他知名的企业共同建设新的网络品牌，使新的网络品牌具有更加广泛的包容性，形成一个新的网络品牌联盟。

二、网络品牌的经营管理

个性化是品牌的必然要素，但是这不是建立品牌的唯一性因素，文化的承载也是不可缺少的，当然更少不了实力的大力支持。于企业文化来说，网络公司几乎可以说是为零的，员工无法固定，成立的时间也不长。所以缺少文化底蕴的企业，其品牌可以说是"弱不禁风"的。就如现在来说很多企业采用的是轰炸式的广告去引起消费者的注意力，可是效果往往不尽如人意，所以要引人注目，深入人心是需要实效来支持的，在塑造品牌的过程中实效的分量占很大位置，也因为有了实效支撑，注意力塑造的品牌才不会流于表面，成为泡沫。

品牌对网民有着重大意义，品牌代表着一个网民的喜好和品位。透过品牌，网民去认知网站，区分网站，享受网站所带来的服务，甚至和网站产生情感。品牌是经验，是网民登录的保证。一个优质品牌是客户信心的再保证。例如，当我们需要拍卖自己的产品时，首先想到的是淘宝网和拍拍网；当我们购买图书时，首先想到的是当当网和卓越网；当我们购买电器产品时，首先想到的是京东商城和苏宁易购。品牌形象会在消费者心目中巩固、发展、延伸和完善，为网络公司创造不断增长的访问量及商务销售额。网站必须建立长期品牌策略，而短视的品牌策略很可能将电子商务企业送上断头台。一个著名品牌的崛起往往在于其内在精神与当时社会的整体时代精神及人们生活方式的深层次需求的高度契合。从 20 世纪 90 年代开始，这一特征在网络商业活动中表现得越来越明显。阿里巴巴将塑造新商业文明作为企业品牌发展的切入点，通过新商业文明核心范式①的宣传在网商和网民中树立自己的品牌形象，收到了很好的效果。

苏宁易购作为著名的电器销售商苏宁电器旗下的商务网站，并没有完全依赖于原有的品牌资源，而是彻底颠覆了传统品牌打造的理念，提出了符合互联网的品牌整合方案。通过地面广告、微博互动、微电影冠名、参与电视节目、捐赠公益活动、设立"打拐基金"，多渠道拓展了品牌的影响力。苏宁易购不仅创造了新的网络营销模式，也树立了苏宁新的企业形象。

三、网络品牌的保护

现在的市场竞争异常激烈，企业都是想方设法地在市场中寻求到

---

① 阿里巴巴提出的新商业文明的核心范式包括：人与自然的关系特点；新商业文明形成了以网商为主体、网货为客体的新财富体系；人与人的关系特点；新商业文明推动以诚信为标志的社会资本所有制变革，以分享为标志的分配制度变革，以责任为标志的管理制度变革；人与自然、人与人的关系；新商业文明复归直接以人为本、生态和谐的发展方式。

立足之地。要时刻面对竞争者的挑战，也要维护好企业自身的形象，尤其是企业品牌形象。在当今的互联网时代，许多的公司都自行建立了自己的门户网站，这就要求企业要时刻提防企业的网络品牌，注重维护网络品牌形象。

第二节　网络营销的渠道策略

一、传统营销渠道与网络营销渠道的区别

（一）结构分析

对于传统营销渠道的结构可以分为两种，一种是直接分销渠道，另一种是间接分销渠道。直接分销渠道是指生产者直接将商品销售给消费者，直接面对最终使用客户，而间接分销渠道则是需要通过一个甚至更多的销售渠道，渠道销售的对象是代理商和经销商。销售渠道按其有无中间环节和中间环节的多少，可分为零级分销渠道，以及若干级分销渠道。

（二）作用分析

传统营销渠道需要将商品从生产商流向消费者过程中所经过的多个批发和销售。为消费者提供产品或服务的销售渠道，便于消费者在使用的过程中建立一套相互依存的体制。

但是传统营销渠道仅仅依靠广告或者其他媒体渠道为消费者提供所需的产品，作用就比较单一，广告或者其他费用也会导致商品的附加成本增加，而且由于中间商一直起着连接生产与消费间桥梁的作用。在有些营销渠道中甚至存在着多层中间商，从而导致产品价格远远高于生产商预期的零售价，并因此损害了消费者的利益，也由此有损于产品的竞争力。

（三）费用分析

网络营销在减少营销成本上很具有优势。它是通过剔除原有的连接生产商与消费者的中间商这一环节而取得的，从而降低了成本。然而传统的间接分销渠道销售产品需要中介机构的销售服务，并且中介机构越多，产品的销售成本将会越高，势必会转接到产品的销售价格上，相比于网络营销，传统营销也没有价格优势。

商品销售主要是依靠两种销售方式，一种是没有仓库的直接销售，企业设置驻外销售工作人员，负责在外销售产品，直接由工厂邮寄货物给消费者，这种销售方式，工厂就只要承担工资及日常费用。另外一种就是设有仓库的直接销售，工厂招聘人员在销售地进行产品的销售，既需要承担工资及日常费用，还要承担仓库的租赁费。

利用网络销售渠道就省去了这一部分费用。利用现在互联网全球化的优势，工厂在网络上接到订单后，就可以直接从工厂将产品邮寄给消费者，大大降低了企业的运营成本，另外企业在无须众多的行销人员的条件下，就可以接触世界范围内的广大客户，为企业打开了一个极为广阔的营销空间。

二、网络直销

（一）网络直销及其优点

网络直销是指生产厂家借助互联网优势、数字媒体等且不通过其他中间商，将网络技术的特点和直销的优势巧妙地结合起来进行商品销售，直接实现营销目标的一系列市场行为。网络销售目前最常见的有两种方式，一种是厂家通过自己建立网站，所有的互联网上的站点工作都由自身完成，网络的管理及产品的发布及销售由厂家负责。另外一种也是我们比较常见的模式，企业利用服务商提供的网络服务进行产品销售，例如淘宝、京东等，借助这些信息服务平台进行产品的直接销售。

网络销售作为新崛起的一种销售模式，具有传统销售不具备的优势，首先网络销售在成本上就相比传统销售要大大降低了；其次，信息化的流通可以让企业更快更好地接收市场信息，促使企业优化资源配置，从而更好地安排生产销售；再次，利用互联网全球化信息化的优势，也可以让营销人员更迅速地了解到客户需求，进而开展更切实的产品销售活动，提高市场的占有率；最后，客户也可以通过网络更直接地向销售方提出意见及建议，这样客户也可以更有效地购买到自己所需要的产品及服务。

（二）网络直销的缺点与解决的方法

网络直销也存在着一定的缺点需要进行改正，企业促销被动性加剧。网上的信息只有等待顾客上门索取，不能主动出击，实现的只是点对点的传播，而且它不具有强制收视的效果，主动权掌握在消费者的手中，他们可以选择看与不看，商家无异于在守株待兔。企业应利用互联网做好自己企业的网络营销，对于网络营销与传统营销中的一些劣势加以改正和学习。作为一种全新的营销和沟通的方式，网络营销还有待于完善和发展。随着网络技术的发展和互联网的普及，人们对网络营销的认识加深，有助于企业在网络营销上取得更好的成绩。

三、双道法——企业网络营销的最佳选择

要在今后的市场里取得成功，企业可以将网络直接分销渠道和网络间接分销渠道同时相结合，并熟练掌握应用营销理与营销手段策略。通过将两种销售方法相结合才能够更加精确地了解到消费者的需求，并通过方式方法去满足消费者的这种需求，因此企业应当改变经营策略，整合企业现有资源，提高企业的竞争力。所以企业应该很好把这两种方法结合起来，进行渠道的优势互补，这样才可以以很好地解决好渠道产生的冲突。整合网络营销渠道和传统营销渠道不同的优点和缺点，依据企业实际的目标和具体商业战略，在发扬长处避免短处的基础上将二者结合起来。

第三节　网络营销的定价策略

价格无疑是企业销售最重要的因素。在 4P（Product、Ptice、Place、Public）理论中，只有价格是收入，其他都是成本。随着市场的变化，价格一直都处于变化之中。网上经营也不例外。在做商业计划书时，就必须明确价格。比如一个 B2B 交易平台，是否需要收取注册客户的费用，每年收取 3000 元是否合适，此价格大概能够吸引多少企业？对这些问题都应做出估计。新浪网对电子信箱收费是为了弥补收益上的不足；网易的电子邮箱坚持不收费，吸引了更多的浏览者，获得了更多的广告收益。所以，电子商务网站在开业前都必须对有关收费与价格政策做出选择。

一、选择定价目标

在网络上营销商品，除了人工工资等必须费用外，只需要支付低价的网络连接费用，而传统营销模式就需要店面费、入场费等其他成本费用。因此对比下，网络营销对比传统模式营销就具有很明显的价格优势，没有转接到商品上的成本价格，那就势必会比实体销售的商品价格低许多。同样地，在传统的营销模式中，商品的价格都是统一的，消费者不具有主动权，但是在网络营销中，由于网络卖家资源丰富，消费者可以有更多的选择，消费者对于买或不买拥有定价的主动权。

所有的售卖行为最终的目的都是为了盈利，网站经营也是如此。但是不同的目标也存在于不同的经营时期，虽然通常来说都以追求利润最大化为目标，但是目前的电子商务网站却首先追求市场占有率，其次就是追求营业额的最大化，最后才是最高销售增长、最大收益和质量优先等目标。因为目前市场上的电子商务网站层出不穷，竞争非常激烈，通过营销手段提前占有市场份额，才是目前电子商务网站更注重的内容。

传统营销理论认为，任何企业都必须按照自己的目标市场策略及市场定位策略的要求定价，同时，需要考虑一些具体的经营目标，如利润额、销售额、市场占有率等。网络产品的定价目标与传统营销的定价目标相似，主要有以下四种。

（1）生存目标。电子商务网站上线后，第一个问题就是生存问题。生存目标是电子商务企业的基本经营目标。电子商务经过十多年的发展，市场产品的价格已经非常透明，价格竞争达到白热化的程度，"烧钱"不可避免。但如果不考虑成本，一味追求扩张，必然会造成企业的资金短缺。为了保证网站的继续运行，电子商务企业必须估算最低的商品出售价格。只要价格能弥补可变成本和一些固定成本，网站生存便可得以维持，网络营销的目的就可实现。

（2）市场占有率最大化。这是电子商务企业选择最多的定价目标。由于网络的全球性，电子商务企业都希望通过制定尽可能低的价格来控制市场，即达到市场占有率的最大化。这种目标的选择，虽然能够刺激销售量的快速增长，吓退现有的和潜在的竞争者，但本身也具有较大的风险。因为企业确信能够赢得最高的市场占有率之后，很可能不考虑成本低价倾销，一旦货源跟不上，或资金不充足，很可能导致企业陷入绝境。

（3）当期利润最大化。传统销售渠道的实体企业在销售商品的时候，在计算了市场需求和产品成本后，依据这个数据制定产品价格，以此希望实现当期利润最大化，以及高现金流量或投资回报率。同时，在制定产品价格的同时，对于产品成本以及市场需求量与产品制定的价格之前的函数关系，也要充分理解，这样才有利于市场利润的最大化，确保企业的盈利。

（4）产品质量最优化。高质量才能保证企业的长久，一个企业如果想要长久发展，除了营销策略营销手段外，最重要的还是要高质量的产品。所以市场上大多数的高价产品都是因为高质量和研究费用所摊销的成本，与此同时，价优物美还需有高质量的服务。市场的开发还需依靠优质的售前售后服务，在网络上宣传产品时，优质的产品以及优质的服务，往往是吸引客户的一个最优点。

二、网络营销的定价策略

互联网可以使单个消费者同时得到某种产品的多个甚至全部厂家的价格，从而做出购买决策，这种情况决定了产品价格弹性较大。企业在制定网上销售价格时，应充分检查所有环节的价格构成，以期做出合理的定价策略。在实际业务中，可采取以下相关定价策略。

（一）低于进价销售策略

这种定价方式听起来有些不可思议，但在网络销售中这是一种常用的定价策略。因为采取此种定价方式能吸引很多消费者。弥补价格亏空一般有两方面的考虑。一方面，供货商乐于在流量大的网上商店上做广告，网站可以靠广告收入抵消开支；另一方面，网站将销售的商品按功能细分，背负着不同功能的产品，采用不同的定价策略。这种定价方式主要适用于价格弹性较大的日用品。

2009 年开始兴起的"秒杀"（SecKill）就是低于进价销售策略最典型的应用。所谓"秒杀"，就是网络卖家发布一些超低价格的商品，公开邀请所有买家同一时间在网上抢购。由于商品价格低廉，经过几年的发展，"秒杀"已经开发出多种形式，并从一般商品拓展到贵重商品。淘宝网甚至推出"淘宝一元秒杀"，即在一个固定的时间段，产品以 1 元的价格出现在网站上，最先付款的网民只用 1 元钱就可以把东西买下来（不包括邮费）。参与"秒杀"的商品大多是量少、款式新颖的商品，如尺码不全的外贸服装、限量版玩具、手工定制的饰品等。

在服务产品的定价上，"免费"成为最重要的打败竞争对手的武器。淘宝用摊位的免费打败了易趣；360 用杀毒软件的免费打败了瑞星、卡巴斯基等软件；腾讯用微信的免费打败了 MSN 等通信软件；阿里巴巴的"快的"和腾讯的"滴滴"打车软件更是用免费和补贴手段将大黄蜂等所有的打车软件挤出市场。需要注意的是，在使用低价手段时，应当遵守《中华人民共和国价格法》《中华人民共和国反不正当竞争法》的规定。

（二）差别定价策略

差别定价策略是希望鱼与熊掌兼得：一方面是要让消费者觉得商品很便宜，要抢市场，要扩张；另一方面是要赚钱，要维持利润率。价格策略的变化就会依据两方面的目标来平衡。差别定价策略在旅游网站得到充分的利用。在携程旅行网，客户可以看到机票购买的种种限制，包括机票预订时间、航程往返、热门城市、退改签规定等。这些限制成为携程旅行网差别定价的主要手段。在稳定客运量的同时，也争取到一些愿意支付较高价格机票的客户，增加销售收入。

（三）高价策略

通常来讲，由于目前网络的广泛性，消费者很容易了解到各种产品的价格，透明度相对于传统市场来说更加清晰，因此一般的传统营销方式的商品价格会要比网络销售的价格要高。但是这种现象也不是绝对的，在部分产品的销售中，网络营销也有比传统市场的要高一些，出现这种现象的主要是因为部分商品的独特性或者对价格反应比较迟缓。例如收藏品，这种顾客群体比较小，在传统销售中价格就比较难提高，而在网络销售中，则可以面对更多的客户，这样的话价格就可以销售得更高了。再比如水果销售，网上销售与线下销售相比并不具有优势，因此顾客在同等情况下更愿意选择线下消费。

（四）竞价策略

在以前的网上竞价交易活动中，主要是用来拍卖商品，但是随着网上商品交易模式的发展，交易商品的范围逐渐广泛，由单一的商品拍卖逐渐发展到产权交易、大型设备转让等。委托人可以只规定一个底价，然后通过拍卖网站让竞买人竞价。采用竞价策略，委托人所花费用极低，甚至免费。

金马甲网（www.jinmajia.com）就是一个专门从事资产与权益交易的交易平台。该网站采用集中竞价方式、动态竞价方式、一口价竞价方式和一次报价方式开展竞价交易①。

第四节　网络营销的服务策略

一、网络客户的特殊需求

随着互联网的日益发展，人们对于网上购物和网上服务等各类互联网服务也越来越熟悉，科技的日新月异，时代的进步，都让人们对这种新时代的产物提出了更高的要求。这就要求企业也要与时俱进，对于消费者提出的新要求予以重视，调整网络服务战略，以适应消费者对于网络服务提出的更高要求。企业需紧扣时代脉搏，坚持创新发展，同时还应注重并借鉴世界各国互联网发展的有益经验和做法。

无论是什么规模的企业，将产品放到消费者最容易接触的零售终端，是驱动销量的第一要素。

通常情况下，最好的陈列、最大的排面、最显眼的海报位置的商品，往往更容易获得消费者的青睐，但是小型百货商店里的产品推销，更依赖于店主的推销，因为店主跟顾客比较熟悉，更容易依据客户个人喜好推荐相应的商品，这种就是比较低级的个性化顾客服务。

伴随着网络虚拟市场的形成，一种全新的真正意义上的个性化营销、个性化顾客服务在 21 世纪出现了。个性化营销是市场细分的终极目标，它使顾客逐渐走向营销舞台与企业对话。此时的顾客个性化服务与前大众营销时代的个性化顾客服务相比，在许多方面的要求又都有了极大的提高。网络客户是一群乐于索取的人，他们对服务尤为挑剔。网络客户对企业服务的需求由低到高一般可分为四个层次：

---

① "集中竞价方式"是一种竞买人在竞价开始前，在规定的时间内履行注册报名、申请竞价、资格审核、交纳保证金、账户激活等程序，然后集中参与竞价的方式。"动态竞价方式"是一种在整个竞价过程中，竞买人可随时注册报名并参与竞价的方式。"一口价竞价方式"是一种设定了竞价标的最高成交价的竞价方式，在整个竞价过程中，竞买人可随时注册报名并参与竞价。"一次报价方式"是一种在规定时间内，各竞买人只允许进行一次有效报价的竞价方式。

（1）获取信息。在网络上，客户需要通过网站服务全面了解产品信息，并从中寻找满足他们个性化需求的特定信息。没有良好的信息服务，是不能满足客户需求的。"我的钢铁网"（www.mysteel.com）就是通过行业聚焦、行情快递、市场分析等栏目，为客户提供国内外钢铁行情、产销统计资料、钢厂资讯和下游动态等资讯内容，从而牢牢地将客户锁定在自己的网站周围。

（2）问题解答。通过文字、音频和视频，企业与顾客间的网络双向交流已经非常方便。常见的问题，如产品的安装、调试、使用、故障排除以及提供产品更深层次的知识等都可以通过网站服务自动解决。现代顾客除了要求解答问题外，还希望对产品知识进行自我学习、自我培训。通过向顾客提供自我学习的知识库，企业不仅能提高服务效率，节省服务费用，而且可以很好地满足顾客的求学心理，有利于改善企业与顾客之间的关系。

（3）直接接触。网络客户有时也像传统顾客一样，希望与公司的有关人员直接接触，从而解决一些比较困难的问题，或询问一些特殊的信息，或反馈自己的意见。在传统营销中，顾客接触的大部分都是营销部门的人员，随着电子商务和网络营销的普及，企业管理模式越来越趋向于扁平化，顾客可以接触到更多的企业人员，不再单单是营销部门的人员。而且，由于网络上信息反馈的方式非常灵活、快捷，顾客可以尽可能地把自己的需求、喜好反馈给企业，让企业能够有的放矢。

（4）参与设计。在传统市场上，客户的个性化需求是无法得到满足的。但在网络条件下，客户的个性化需求通过网站信息的汇集，能够形成一定的生产规模，规模定制成为可能。例如，在戴尔公司，客户通过电子商务平台向戴尔提出定制要求，戴尔通过数据挖掘技术从中进行信息的采集和整理；而后通过客户关系管理对客户的订单进行分解；分解后的订单信息成为企业采购、生产的依据，从而最大限度地满足了客户的个性化需求。

二、网络客户的服务策略

在服务于网络客户时的特点是要有个性化且互动性的。在"一对一"与客户进行交流时，网络客户服务与客户之间是一种建立且具有持久性的关系，在其服务时所采取的策略思路可见图 8-1。

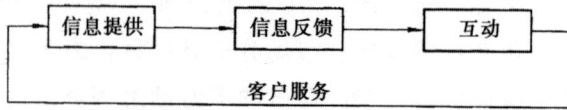

图 8-1 网络客户"一对一"的服务策略思路

（一）信息提供

为客户提供信息的基础是对交易信息的收集。随着时间的推移，网上商务活动相互影响的程度也在不断提高，促使企业不断提高为客户服务的价值，并且优化同每个顾客关系的收益。由于这个过程是渐进的，因而有时被称为渐进的个性化服务。

渐进的个性化服务是通过提供外在资料和内在资料而实现的。外在资料指通过调查、检索、分析所获得的市场信息，它对于客户了解整个行业发展走势、市场价格波动等具有指导意义，但也存在信息不准确的风险。内在资料是指网站后端收集的数据，例如通过网站所记录的厂商和顾客交易行为、网络广告发布的数量和频率等信息。

（二）信息反馈

网络时代使信息渠道变得畅通无阻，信息的反馈也变得更加及时、准确。电子商务网站经常采用的信息反馈手段是电子邮件和实时客服工具。

（三）客户关系管理

电子商务客户关系管理（e-commerce Customer Relationship Management，eCRM）是利用当今最新的信息网络技术（包括电子邮件技术、多媒体技术、呼叫中心、数据挖掘、专家系统等）了解客户需求，加强与客户的沟通，挖掘客户需求，不断改进产品与服务，提高客户忠诚度和满意度的过程。

电子商务网站需要充分发挥网络技术的优势，彻底打破职能部门的界限，以整合的方式完成客户关系管理业务流程的调整，形成同客户的直接沟通并履行相应的职责，高质量地完成确定客户状态、开具事故处理单、追踪产品售后状况、执行监督服务协议、提供退货服务等任务。

电子商务客户关系管理的高级阶段是客户关怀。在客户关系管理的初级阶段，电子商务企业仅仅把产品定期的修理和维护作为客户关系管理的主要工作。而在客户关系管理的高级阶段，客户关怀成为主要工作，包括信息推送（向客户提供所需要的产品和服务信息）、产品推荐和体验、定期意见征求、售后服务跟踪等。客户关怀的注意力放在交易的不同阶段上，重点是营造出友好、激励、高效的网络购物氛围，提高客户忠诚度和保有率，实现客户价值持续地贡献，从而全面提升企业盈利能力。

第五节 网络促销

一、网络促销的概念与特点

网络促销是将有关产品和服务信息通过现代化的网络技术由虚拟市场来呈现，刺激消费者的购买欲望，将供需关系尽可能地拉大来启发消费者的需求概念，从而实现各种活动中出现消费者的消费行为。其必备的三大特点如下：

（1）将计算机与通信技术打好基础再进行网络促销的建立，同时也需按技术的改进随之变化。网络促销活动是将产品和服务的作用、特点、形式等信息通过此技术来进行宣传的。

（2）虚拟的互联网络也等于是网络促销的市场。在这片网络的海洋中汇聚了大批的观众，也是各地区文化的融合。

（3）互联网虚拟市场的出现，将所有的企业，不论是大企业还是中小企业，都推向了一个全球统一的大市场。传统的区域性市场正在被一步步打破，全球性的竞争迫使每个企业都必须学会在全球统一的大市场上做生意，否则这个企业就站不住脚跟。

二、网络促销的分类

网络销售也同样借鉴了实体商店中的销售促进工具以吸引消费者的购买的方式，将其方式放置于网络市场上即网络销售促进。而网络促销的方式是具有多样性的，例如以网络为站点进行的促销，还有采取数据库的营销模式或者是在网络上进行广告的促销的多种方式。利用网络及媒体的力量为其产品进行宣传，通过促销的手段从而达到企业品牌的推广即为网络广告促销；而将自身企业形象建立在企业自身的网络平台并利用其平台以促销的方式在平台中进行产品的宣传是为网络站点促销；商品详情通过电子邮件的形式向客户进行传播与宣传便是许可电子邮件促销；而交互式营销的处理方法也就是所谓的数据库营销。不管是哪一种促销手段都各具特色。

较高的成本、但其宣传能力是具有全面性的以及产生巨大的影响力是网络广告促销的最大的特色，而有着高效、直接之称的网络站点促销，其成本较低，且成交率高，买卖双方可以利用网络来进行交流、沟通，甚至还能砍价。而促销手段最为广泛的便是既廉价又独立还能一目了然的许可电子邮件的方式；而不同于其他的促销手段，数据库营销顾名思义是以庞大的网络信息的数据量为其独有的优势，实现超强的一对一的互动性营销的可能。而信息网络如此发达的时代，其促销手段也是日渐更新，如博客营销、有 QQ 空间作为的宣传产品的页面、微信营销以及网络联盟式营销、网络公关等五花八门的方式、各具特色的手段。网络营销平台怎样才可以吸引更多的客户浏览、注意，从而提高企业的知名度以及对企业产品的关注程度取决于网络促销，而网络促销的成功与否关键还是在于运用的促销方法是不是与自身的产品或者说是企业相匹配，合理地进行多种方法的运用及结合是成功路上的一大步。

三、网络促销的作用

促销是企业与市场、顾客的联系手段，包含了一系列活动。将各种各样的促销活动组合起来的形式便是企业的促销策略。网络促销的关键在于怎样利用产品信息的价值体现来刺激网络上的消费者对产品进行购买。下面来说说是哪几个方面的作用表现。

（1）告知。不管是企业的产品还是产品的价格或者是企业的服务，都可以通过网络促销为需求客户所知，将他们的注意力逐步吸引过来。

（2）说服。目标客户在进行购买时所下的决策，是网络促销需要达到的目的，当产品或服务还不能完全满足目标客户的要求时，利用促销手段中各种方式的运用来打消客户的疑虑，同时也要坚定目标消费者购买其产品的决心。比方说，很多商品的相似度很高，而它们的不一致性往往都利用企业自身进行的网络促销活动，将其产品的优点及特色放大化，让客户可以更好、更进一步地对其进行了解及掌握，也由此分析出自身对于购买此产品所带来的好处及利益或者说是效益，而实现消费者进行购买的行为，并乐此不疲。

（3）反馈。以电子邮件为站点，将客户的意见与建议进行收集与整理，通过及时地处理其相关信息，而企业管理层也会在第一时间收到其信息的反馈。这种网络促销方式所获取的资源均是文字性的，其真实性与可靠性相对来说是比较准确的，所以企业经营决策中作为参考依据也是对其本身极为有利的。

（4）创造需求。潜在客户是无处不在的，而网络促销活动的运用得当，刺激了需求关系的变化，也为需求关系制造了机会，从而使销售量也得以提升。

（5）稳定销售。企业的品牌形象和产品的良好市场反应是客户热衷于购买其企业产品的一大重要因素，销售上要保持稳定，那么网络促销活动的存在也是必不可少的，用良好、合理、科学、新颖的方式进行网络促销活动通常会有意想不到的收获。

第九章　电子商务的物流变革

物流产业被认为是国民经济发展的动脉和基础产业，其发展程度成为衡量一国现代化程度和综合国力的主要标志之一。物流已经从原来的"货物配送"发展到集物流、信息流、资金流为一体的全方位服务，成为现代经济的重要组成部分。电子商务物流是现代物流中一个新的、重要的发展方向。

第一节　电子商务物流发展现状

一、2018 年中国电商物流行业发展现状分析

电商的快速发展带来了巨大的物流运输和配送需求：全国快递服务企业业务量累计超过 200 亿件，2016 年突破 300 亿件，2017 年更是突破 400 亿件达到 400.6 亿件，同比增长 28.07%。其中，同城业务量累计完成 92.7 亿件、异地业务量累计完成 299.6 亿件、国际/港澳台业务量累计完成 8.3 亿件。

在全国快件总量中，电商快递的占比非常高，达到 60% 以上。而在主要民营快递公司的业务中，电商订单占比甚至超过八成。电子商务成为了推动我国快递业务发展的主要力量。

电商快递业务量的快速增长，带动了市场规模的不断扩大，据电子商务研究中心监测，2018 年 4 月，全国快递服务企业业务量完成 37.5 亿件，同比增长 25.8%；业务收入完成 467.2 亿元，同比增长 26.5%。

未来，随着新零售的深入发展，线下零售价值不断凸显，线上线

下结合发展将成为大势所趋。而这将给电商物流带来一次非常难得的发展机会，因此，未来我国电商物流的发展空间是非常可观的。

二、电子商务物流发展的主要特征分析

（一）共同配送和专业物流服务的兴起

随着电子商务的发展，物流和配送服务也在朝向集约化发展。配送中心的一体化服务，不仅具有仓储和运输功能，也具有着配货、配送和各种提高附加值的流通加工服务，更加可以按照客户需求提供个性服务。制造业企业应该转变为客户提供个性化和精致化的服务，采用多样化的生产模式。这会导致高频率、小批量的配送需求日益增长。当今世界，美国、欧洲和日本等发达国家在专业物流配送上已具有一定规模。经过长期发展和不断地探索，共同配送服务是配送资源合理配置的新方式。通过服务降低了消耗成本，物流效益也不断提高。

（二）物流企业增强关注客户的服务理念

物流企业在电子商务服务中扮演着第三方的角色。他们和供货方与购货方不同，物流业是将客户服务作为第一宗旨的。从现实情况来看，物流企业不再只是关注周围客户，而是兼具有为其他区域服务的能力。客户不但希望有更佳的服务，也希望有更多的物流服务点。所以，为客户提供高质量的服务是当今物流企业的管理核心。因为配送中心是将商品送给客户的直接方，是客户联系中最密切的服务方。

（三）现代物流业走向信息化服务

当今时代的电子商务服务中，物流企业的物流系统要有信息化处理和传输系统。在美国洛杉矶的一家报关公司就有信息化的物流系统，它能和码头、机场、海关实现信息互联。如果有货物开始起运，物流系统就将货物到达的时间和地点提供给收货人和各仓储以及货物的运输公司。商品在不停地流通着，信息也在流通中，直到货物到达目的地。同样在美国的一家干货储藏公司（D.S.C），由于客户众多，每天

的订单需求量非常大，对信息系统的需求迫在眉睫。为此，该公司为许多表格编制了计算机程序，大量的信息可迅速输入、传输，各子公司也是如此。除此之外，在美国橡胶公司（USCO）的物流分公司能够接收全球各地的订单，这归功于它建立的信息处理中心。IBM 公司利用电脑操作实现与 USCO 公司数据共享，这样就将世界各地的货物，在几个小时内送到收货人手中。这些案例，都是利用信息化的物流系统，从而提高了服务水平。

第二节　电子商务物流模式

一、电子商务物流的一般模式

电子商务物流的一般模式包括自营物流、物流联盟、第三方物流和第四方物流。

（一）自营物流模式

自营物流模式，简单来讲，就是电子商务企业自己进行物流的配送和管理服务。对于这些电子商务企业来说，一般都有着强大的物流基础设施条件，能够依靠自身力量独立自主地进行物流活动。这种模式的特点是配送时间快，但费用变化大。

（二）物流联盟模式

在物流联盟模式中，网站和企业的联盟是最重要的特点。不同的电子商务网站平台和物流企业以及电子商务企业之间相互取长补短，相互流通，形成利益共享的共同伙伴。通过这种模式，不仅在成本上和资金上有较少的投入，也可以提高企业的管理水平，增强企业的竞争力，企业风险性也降低了。

（三）第三方物流模式

第三方物流（Third Party Logistics，TPL），在当今社会正蓬勃

发展。第三方物流模式是将物流的配送交给了第三方，即专业的物流公司进行货物的配送。通过与专业物流公司签订合同，为它们提供物流服务的模式。部分电子商务公司的物流业务在公司业务中的盈利比重不大或者是在物流方面管理经验不足，利用第三方物流模式对于企业来说，可以降低成本，提高服务水平。

（四）第四方物流模式

美国埃森哲咨询公司第一次提出了"第四方物流模式"。该公司认为供应链的集成商应该具有提供服务的管理和调配能力，并且应该拥有与服务商优势互补的资金、技术和能力，是一种综合解决所有服务的整合体。简单来说，就是第四方物流的供应链集成商通过每个环节的合作商，进行点对点的服务运作。

二、我国电子商务典型物流模式分析

物流配送作为电子商务信息流、资金流、物流中十分重要的一部分，目前仍然是电子商务发展的瓶颈，主要表现在技术手段、服务质量、递送速度都无法满足电子商务的需求。探索具有中国特色的电子商务物流模式已经成为我国电子商务物流发展的一个热点。

（一）淘宝网的物流宝平台

淘宝物流服务平台（www.taobao.com/go/chn/wlb/index.php）是一个由淘宝网联合国内外优秀的仓储、快递、软件等物流企业组成服务联盟，提供一站式电子商务物流配送外包服务，解决商家货物配备（集货、加工、分货、拣选、配货、包装）和递送难题。该平台将通过 API 接口的全面开放，使得物流服务商、淘宝卖家和外部商家以及各类电子商务网站均能借助物流宝平台实现订单交易信息、物流信息和商家自身 ERP 系统的全面信息的打通，不再需要人工把数据信息导入/导出，后端物流管理系统和线下物流配送体系的无缝对接将大大提高电子商务物流配送的效率。

(二) 京东商城的青龙系统

截至 2015 年底，京东在全国运营 213 个大型仓库，覆盖全国 50 个城市大约 400 万平方米，包括 6 个自建亚洲一号仓库和 5367 个配送站和自提点，超过 85％ 的自营订单实现当日达和次日达配送。作为中国最大的自营电商企业，物流无疑是京东的核心竞争力之一。在每一个用户的订单处理背后，如何实现看似简单的发货与收货，实际上在这背后隐藏着一套复杂的物流系统，京东称之为"青龙系统"。

(三) 中国邮政的邮政物流模式

中国邮政在物流配送方面优势明显。第一，邮政拥有庞大的投递队伍和遍布城乡的、四通八达的投递网络；第二，邮政拥有良好的社会信誉；第三，邮政现有的场地、设施、业务功能和处理流程基本上具备现代物流的雏形。从这些优势出发，中国邮政结合自身资源和发展方向，特别为从事电子商务交易的个人和企业量身制定电子商务速递业务。该速递业务具有以下特点：

（1）全过程信息化。速递系统的前端为标准接口，适用于各电子商务网站，在电子商务网站上完成了业务预订后，即可与 e 邮宝接通，实现全过程的信息化。

（2）主动服务。速递系统根据用户预订业务信息，主动提供收寄服务。用户只要完成网上交易必备的发货环节，即可享受速递业务的优质服务。

（3）安全认证。速递系统将商品的传输、处理与投递信息主动反馈给电子商务网站，用作支付商品货款的凭据，充当了信用认证角色。

（4）适应不同需求。速递业务包括两项子业务，一款为"e-EMS"标准型业务，以航空运输为主，满足重量轻、商品货值高、时限要求紧的商品运送需求；另一款为"e 邮宝"经济速递业务，采取全程特快陆运，时限在标准 EMS 和快递包裹之间，提供与 EMS 相同的标准化、规范化服务，价格更经济，收寄邮件类型也比 EMS 更宽松。同时，e 邮宝还开设了"国际 e 邮宝"服务。

第三节 电子商务供应链

一、供应链管理

(一) 供应链管理的含义

供应链管理的本质就是对供应链上成员的各种活动和这些活动所形成的信息流、物流或服务流以及资金流进行集成管理，从而实现以最快的速度、最低的成本为客户提供最大的价值，改善或维持整个供应链的竞争力。这种集成管理思想主要体现在以下三个方面。

1. 共享性

供应链上的成员之间实现信息共享，这些信息包括技术、作业、产品价格、库存、运送状态、企业信用和财务信息等，保证整个供应链的信息可视性。信息共享一方面可以提高整个供应链对客户需求的响应速度，另一方面可以改善需求预测的精度。信息共享是优化供应链管理的基础，需要基于 Web 的信息管理系统的支持。

2. 协同性

供应链伙伴间的协同工作范围很大，从产品设计到需求预测，供应链上的供需双方应共享市场需求的预测信息，并制订支持此需求的供应计划以及基于信息变化的日常变更。供应链成员可以协同开发、设计产品以增加产品投放的成功率和缩短产品投放市场的周期，供应链伙伴如签约组织、测试机构、营销公司、下游的生产商和服务商等可以通过安全网络共享设计草图，可以共享设计说明、测试结果、设计变化，还可以使用在线的产品原型获得客户反馈等。协同商务可以降低产品开发成本，缩短产品开发和市场投放时间、降低库存和管理费用、提高整个供应链的敏捷性。协同性需要借助多种协同工具如工作流、群件等的支持。

3. 协调性

一般来讲，每条供应链都有一个核心企业，它在整个供应链中起着协调作用。供应链协调性体现在供应链成员具有一致性的战略目标；每个供应链成员有明确的责任；供应链企业间有明确的协同规则及冲突解决办法；具有整合的供应链业务流程，消除了其中冗余的、重复的、拖沓的流程，有相关作业标准，使整个供应链作业流程简单、快捷；有明确的供应链性能测评指标，包括功能性、连通性、协同性、敏捷性、质量、客户服务、成本/风险/效益等。协调性更多的是依赖于规章制度和供应链文化的建立。供应链管理是企业管理思想和方法的一次大飞跃。它既是企业自身主动适应内外部环境的变化以提高经济效益的需要，也是信息技术推动的结果。

早期的供应链管理实际上就是库存控制与管理。库存作为平衡有限的生产能力和适应用户需求变化的缓冲手段，需要通过各种协调方法找到把产品迅速、可靠地送到用户手中所需要的费用与生产、库存管理费用之间的平衡点，从而确定最佳的库存投资额。因此，早期的供应链管理主要的工作任务是管理库存和运输。

互联网的快速发展改变了全球制造业的经营模式，虚拟制造、动态联盟等生产模式的出现需要新的管理模式与之相适应。企业间的合作、协调、利益共享、风险共担等新的管理理念相继出现，而传统企业组织中那种以企业自身利益为核心的采购（物资供应）、加工制造（生产）、销售等运作模式，已经无法适应新的制造模式，那种"大而全""小而全"的自我封闭的管理体制，更无法适应网络环境下的竞争。供应链和供应链管理正是在这样的背景下提出的。

供应链管理已跨越了企业的界限。通过互联网、内联网、外联网的互联，将各成员内部的每个工作环节机地连接起来，供应链上、下游的每个成员利用信息高速公路形成了互惠共赢的网络合作联盟，分担采购、生产、分销和销售等职能的企业成为一个协调发展的整体，整个供应链获得了总体竞争优势，也使每个成员企业自身效率与效益大幅度提高。因此，供应链是从物流和信息流角度，对企业内部各个工作环节和相互合作的不同企业之间密切联系的一种形象描述，具有高效率、低成本的内涵。供应链管理的目的就是要从系统的角度出发，对具有密切联系的不同环节统筹管理，全面地提高整条供应链的运营效率，特别是连接处的效率，形成共赢的合作关系。以降低总体运营成本，提高总体竞争能力。

（二）供应链管理的特点

供应链的管理区别于传统的储运管理和物料控制，供应链的管理有四个方面的要求：第一个方面，供应链并不是其他模块拼接而来，在采购、制造、分销与销售这些结构中始终是一个整体；第二个方面，整个供应链的管理之中，起重要作用的是"供应"本身的管理和决策，这是供应链之中的核心环节，它能够影响市场份额，合理供应可以最终降低企业的运营成本；第三个方面，供应链管理改变着对传统库存观念的看法。在供应链管理之中，我们可以看见库存作用较小，只是起到最后的平衡作用；第四个方面，供应链的发展要求需要采用信息化的管理模式，利用系统化的、集成性的方式进行供应链的管理。这种方式的采用就必须要统筹各部分之间的信息联系，规避矛盾。

供应链管理具有以下三个方面的特点。

1. 多样化的管理目标

传统型的管理活动目标最终是为了解决现实中的某个实际问题。这种目标设置是为了解决问题的，而较少关注使用方式，目标始终是比较单一的。与这种方式不同，供应链的管理目标是多样化的。供应链管理目标在解决现实中某个问题时，会选择一种最佳、最快和最优化的方式进行处理。在操作时，不仅只是对最终解决实际问题效果的追求，也要做到成本的优化和时间的精准把握。

2. 自由开阔的管理视域

管理视域，即管理视野。对企业管理者来说，这是他们活动的视觉范围区域。区域越小，他们的管理行为就会受到制约，管理影响力也会降低。通过集成思路的启发，供应链管理不再只是传统企业眼中把管理重心放在企业内部某个部门或者是这个行业之中。而是把管理视域从一个部门向多个部门延伸，从本企业向其他企业延伸，甚至不再仅仅只是进行本行业之间的管理，而可以延伸到其他行业的管理中。这使得企业的管理视域极大地得到拓展，管理视域全方位、立体的展现，开放自由的运营环境更好服务企业供应链管理。

3. 多元的管理要素

在传统管理要素的作用下，传统的管理活动将人、财、物看做是最本质的要素。但随着科技的发展，这三种管理要素也在不断地变化中。与此同时，在社会中也会不断地出现其他的管理要素，其重要程度也在发生着改变。科技的发展程度是经济发展的动力，科技在管理之中地位越来越重要。供应链管理中，管理要素是复杂多样的，要素的类型和范围得到扩展。不管是以前要素中的人、财、物还是信息、知识或者策略，这些都是各种各样的软性和硬性管理要素。企业的管理者有多种选择，但是也加大了企业管理的难度。我们可以看见，软性管理要素在供应链管理之中扮演着越来越重要的作用。供应链之中增加了大量的信息和知识要素，在这种条件下，信息、策略和科技等软性要素在未来供应链管理中会起到决定性作用。

二、电子商务供应链管理概述

(一) 含义

电子商务供应链管理是对电子商务和供应链管理之间优势互补的结合体。一方面，企业引入电子商务的模式去提高供应链管理水平，另一方面，将供应链管理用于电子商务管理中。总之，电子商务供应链管理模式适应了现代科学技术的发展，利用信息化管理，合理利用内部和外部资源，最终降低企业的库存。

(二) 优点

电子商务供应链管理优点突出，主要有以下几点。

1. 满足客户需求，留住现有客户

电子商务的竞争逐渐走向供应链之间的相互竞争。企业为了能够留住客户、吸引新客户，就需要在供应链上进行改进，达到较少的成本和便捷化，供应链管理的价值才会得到增值，这样才能够长期与客户建立起密切的合作关系，得到更多客户的拥护和支持。电子商务供应链管理最大的优势就在于能够沟通企业和客户，而且在特定的时间和空间直接与消费者进行对话和沟通，满足了消费者诉求，从而留住客户。

2. 促进企业业务发展

在电子商务供应链管理中的企业，通过供应链管理朝向对产品的电子化和网络化管理的转变，与此同时，供应链端的企业在电子商务的业务中，利用统一的规划管理手段，实现有组织、有目的性的管理。降低成本，提高效率，最后使供应链管理达到较好的服务水平。国内企业要学习先进的供应链管理效益，促进企业各项业务的有序发展。

3. 开拓新业务，实现业务增值

电子商务供应链管理，对于企业管理来说，有助于企业管理中的业务重新优化组合。留住现有的客户群体，通过提高供应链的效率，提供更多的服务和业务，有利于吸引新的客户进入到供应链之中，开拓出新的业务。从本质上来说，基于电子商务供应链的管理，在整个业务之中，不管是企业还是客户都会获得利益，实现业务的增值，降低业务成本。

4. 提高供应链中的营运绩效

电子商务供应链管理对于企业发展和管理来说意义重大。一方面，它能够降低企业的生产成本，降低需求响应的时间以及市场变化的时间。另一方面，它可以为客户提供最优的产品与服务，实现业务的增值，从而对于企业在整个供应链的管理中，提供最完备的服务。在全球化中，市场和企业的资源实现共享，降低运营成本，提高营运绩效。

5. 实现信息的共享

电子商务供应链之间的交易运作，主要关系到信息流、产品流和资金流这三个环节。企业在电子商务供应链中，进行着供应链交易。企业可以随时提取供应链中涉及自身利益的部分，通过供应链上的信息，完整掌握着客户的需求情况和供应商的供货状态，并跟踪客户的下单情况和物流情况。

第四节　"一带一路"背景下中国跨境电商物流的发展机遇

一、扩大我国西部的国际物流规模

(一) 有助于加强与"一带一路"沿线国家之间的经济和贸易往来

中国提出的"一带一路"倡议的主要目的就是希望发展和"一带一路"沿线国家的经济和贸易往来，实现双赢，最终造福于沿线国家。其实我国和沿线国家的经济贸易关系基础较好，我国是沿线大部分国家中的最大贸易伙伴。不仅如此，我国也是它们的最大出口市场和最大投资来源地。沿线国家的经济发展水平不同，可以实现良好的优势互补。在"一带一路"倡议的建设之中，我们要关注当地人民的切身利益，做到友谊融合、资金融合和贸易融合发展，不断地加强友好合作。扩大我国经中亚、俄罗斯到欧洲（波罗的海）的经济和贸易往来。同时也要增强我国经中亚、西亚到波斯湾、地中海的贸易往来。

(二) 有助于实现国际物流交易的低成本化

我国和中亚国家最近几年在交通的互联互通上，有了比较大的改变。但是由于我国和这些国家的贸易不断增长，交通上仍然不能满足需求，而且存在巨大差异。差异突出表现在以下几个方面：首先，我国和中亚国家的铁路技术标准并不一致，这就导致了在国际贸易中运输力较低。其次，我国和中亚国家在铁路和公路之外的其他基础设施连接性不高。其他的基础设施建设较差，甚至还没有这种条件，最后，在国家民航客机方面，中亚这些国家机场建设落后，运输成本高。上面这些问题制约着国际贸易的发展，导致我国和这些国家的贸易成本较高。为此我国优先推进"一带一路"基础设施建设，打通国际贸易交通通道，降低贸易成本。

二、促进国内重要节点城市物流发展

通过"一带一路"的建设，促进我国和周边国家的经济贸易。同时，它和国内改革中的区域开发相结合，形成连通亚洲和欧洲的友谊之桥，这将促进国内重要节点城市物流发展。

（一）促进我国边境节点城市的物流发展

利用"一带一路"工程，加强我国和其他国家相邻或者接壤的边境地区节点城市物流发展，这对我国边境节点城市来说，是一个最重要的发展机遇。随着中国经济的转型升级，我国东南沿海的产业转移到了中西部。而这些地方正是"一带一路"的出发点和起始点。通过"一带一路"建设，促进我国东北、西北和西南以及东南方向的节点城市物流发展。

（二）海陆发展两者兼顾，推动我国重要节点城市的物流大发展

在通过"一带一路"发展我国和周边国家的经济贸易往来中，兼顾海陆发展是最重要的发展模式，形成我国东部、西部、中部发展联动机制。我国在重要的节点城市打造了"中欧班列"品牌，利用中欧班列，进行跨境贸易，成为了连通亚洲和欧洲的运输通道。在郑州、西安等内陆节点城市大力开发自由贸易区，物流港、航空港的建立，极大地促进了内陆城市口岸和沿海地区的海关交流。这些在"一带一路"的建设中扮演着重要的作用，从而推动我国重要节点城市的物流大发展。

三、推动我国制造业物流、能源物流、资源物流和电子商务物流发展

（一）推动我国制造业物流发展

随着我国制造业中人力劳动成本的上升，劳动力成本低的优势逐

渐丧失。在东南沿海经济发展中，工人工资在最近几年大幅度提升，平均工资是周边发展中国家的 $2\sim7$ 倍。最后导致一部分劳动密集型制造业企业转移到周边发展中国家。但是这些劳动密集型的制造业企业的消费市场在中国。中国是世界上经济规模第二的国家，消费市场潜力巨大。在制造业中，我国把低端的制造业企业转移出去，而高端的制造业企业仍然留在国内。我国推进"一带一路"将带动我国和周边国家制造业的物流发展。

（二）推动我国能源物流、资源物流发展

我国是一个资源和能源消费大国，是一个巨大的能源、资源消费市场。对于"一带一路"沿线的国家来说，我国和它们国家的经济互补性强，特别是在资源和能源方面。比如说中亚国家油气资源丰富。在印度尼西亚和菲律宾这两个国家中，镍、铁这两种资源较多。老挝盛产钾盐，这些都是我国经济发展中急需的矿产资源。通过"一带一路"的基础设施建设，实现互联互通，共同维护石油、天然气等线路管道安全，共同推进电力资源的开发和利用，推动我国能源物流、资源物流发展。

参考文献

[1] 董志良. 电子商务概论（第 2 版）[M]. 北京：清华大学出版社，2017.

[2] 杨坚争，杨立钒. 电子商务基础与应用 [M]. 西安：西安电子科技大学出版社，2017.

[3] 埃弗瑞姆·特伯恩，戴维·金，李在奎，梁定澎. 电子商务 [M]. 7 版. 石鉴，等译，北京：中国人民大学出版社，2017.

[4] 周翔. 决战移动电商 [M]. 北京：电子工业出版社，2014.

[5] 秦成德，王汝林. 移动电子商务 [M]. 北京：人民邮电出版社，2009.

[6] 覃征. 移动电子商务 [M]. 北京：清华大学出版社，2012.

[7] 冯英健. 网络营销基础与实践 [M]. 北京：清华大学出版社，2014.

[8] 郑锐洪. 营销渠道管理 [M]. 北京：机械工业出版社，2012.

[9] 廖以臣. 网络营销 [M]. 北京：高等教育出版社，2016.

[10] 王学东. 电子商务管理 [M]. 重庆：重庆法学出版社，2017.

[11] 商务部，中国电子商务报告（2015）[M]. 北京：中国商务出版社，2016.

[12] 中国电子商务协会. 跨境电子商务项目管理 [M]. 北京：人民邮电出版社，2004.

[13] 杨坚争，杨立钒. 国际电子商务教程 [M]. 北京：电子工业出版社，2013.

［14］埃弗雷姆·特班（Efraim Turban）等. 电子商务：管理与社交网络视角［M］. 北京：机械工业出版社，2014.

［15］杰弗里·雷波特，伯纳德·杰沃斯基. 电子商务导论［M］. 2 版北京：中国财政经济出版社，2004.

［16］邓顺国，电子商务运营管理［M］. 北京：科学出版社，2016.

［17］Gary P. Schneider. 电子商务［M］. 北京：机械工业出版社，2011.

［18］陈晴光. 电子商务基础与应用［M］. 北京：清华大学出版社，2010.

［19］陈德人. 电子商务概论［M］. 杭州：浙江大学出版社，2008.

［20］袁毅. 电子商务概论［M］. 北京：机械工业出版社，2013.

［21］梁露. 电子商务案例［M］. 北京：清华大学出版社，2009.

［22］曹彩杰. 电子商务案例分析［M］. 北京：北京大学出版社，2010.

［23］仲岩. 电子商务实务［M］. 北京：北京大学出版社，2009.

［24］杨坚争. 电子商务基础与应用［M］. 西安：西安电子科技大学出版社，2006.

［25］吴英照. 中国社区 B2C 电子商务模式研究［J］. 中外企业家，2013（11）.

［26］彭振龙，欧阳钟辉，郭建宏等. 电子商务与智慧市融合发展研究［J］. 泉州师范学院学报，2014（4）.

［27］邹洋. 中国移动电子商务技术应用分析报告［J］. 电脑与信息技术，2014（6）.

［28］王涛. B2B 电子商务的实现技术的研究［J］. 甘肃联合大学学报（自然科学版），2006（4）.

［29］劳帼龄，何雪鹃. 政府实施 B2B 电子商务诚信监管的博弈分析［J］. 情报杂志，2007（12）.

［30］陈晴光，龚云超. 创新电子商务学科实践教学模式的策略与

实践 [J]. 高等理科教育，2008（5）.

[31] 罗惠恒，第三方支付——中国电子商务网上支付手段的新发展 [J]. 科技情报开发与经济，2007（6）.

[32] 杨木，张润彤，杨海楼. C2C电子商务交易流程优缺点分析及改进 [J]. 商业时代，2009（4）.

[33] 吴鸽. B2C模式与C2C模式趋向融合的实证分析 [J]. 南京工业大学学报，2009（3）.